入門期からの
英語文型指導

チャンク文型論のすすめ

Ito Harumi 伊東治己 著

KENKYUSHA

は し が き

　外国語教育における文法指導の是非やその在り方を巡る論争は尽きることがありません。外国語教育における三大教授法——文法訳読式教授法 (Grammar-translation Method)，オーディオ・リンガル・メソッド (Audiolingual Method)，コミュニカティブ・ランゲージ・ティーチング (Communicative Language Teaching)——のうち，文法訳読式教授法においては，その名が表すように，文法指導がその中核をなしていました。一方，現在の主流をなすコミュニカティブ・ランゲージ・ティーチングにおいては，文法指導よりも情報の授受に焦点を当てたペア活動やタスク活動に指導の力点が置かれています。

　このコミュニカティブ・ランゲージ・ティーチングの哲学は，早々日本の英語教育にも取り入れられ，2009 年 3 月に告示された高等学校学習指導要領では，「英語に関する各科目については，その特質にかんがみ，生徒が英語に触れる機会を充実するとともに，授業を実際のコミュニケーションの場面とするため，授業は英語で行うことを基本とする」(文部科学省, 2009, pp. 115–116) という方針が明示されました。教育現場の先生方からは，当然のごとく「文法も英語で説明するの？」という反応が最初に出てきました。現場の先生方の文法へのこだわりの強さが滲み出ていると率直に感じました。

　この「授業は英語で行うことを基本とする」という指針は，2017 年 3 月に告示された次期中学校学習指導要領にも引き継がれています。この指針の真のねらいは「授業を実際のコミュニケーションの場面とする」ことに置かれていると思うのですが，現場の先生方の関心は，もっぱら「授業はすべて英語で行うべきかどうか」という問題，つまり，目的達成のための手段に向けられました。筆者は，文法を英語で説明するかどうかということよりも，むしろ文法指導の内容と方法の見直しが迫られていると解釈

はしがき

しています。

　さらには，小学校英語の教科化も従来の文法指導の在り方を巡る論争に一石を投じています。従来の外国語活動に対しては明示されていなかった文型（現行中学校・高等学校学習指導要領から「文構造」と呼ばれています）と文法事項が，あらたに小学校高学年で展開される教科としての外国語に対して明示されています。ただ，それらの授業の中での扱い方については，具体的な説明はほとんどなされていません。指導方法については，実に不親切です。中学校で行っていた指導，それも特に文法指導をそのまま小学校の授業の中に前倒ししてもよいのかどうか，きちんとした指針は示されていません。

　加えて，「大学入試センター試験」の後継として実施される「大学入学共通テスト」においては，4技能型の民間英語試験の活用が予定されています。もちろんすべての高校生がこの「共通テスト」を受験するわけではありませんが，これまでの文法指導の見直しが喫緊の課題となっています。

　学習指導要領が改訂されても，あるいは入試制度が変更されても，英語教育の中には，当然変わるべきところも出てきますが，変わらない部分や変えてはいけない部分も多々あります。それらの不易の部分をきちんと見極め，学習者のためになる英語教育を志向していく必要があります。

　本書には『入門期からの英語文型指導――チャンク文型論のすすめ』というタイトルが付けられています。当初は『中学校からはじめる英語文型指導』というタイトルを考えていました。20代後半から30代前半にかけて中学校で教鞭を執っていましたが，その頃から暖めていた構想を本の形にまとめる決心をし，その準備を進めてきました。その過程で小学校英語の教科化が実現されることになりました。本書で追究している発達論的視点に立脚したチャンク文型論は，中学生対象の授業だけでなく，指導方法を工夫すれば，小学校高学年の児童を対象にした英語授業でも実施可能であると思っています。よって，小学校とも中学校とも明示せずに，英語学習入門期という設定にさせていただきました。中学校の先生方はもちろんのこと，小学校の先生方にも是非一読していただきたいとの願いを持っています。

はしがき

　また，副題にあるチャンクという用語は，最近我が国の英語教育の分野でもよく使われています。第4章で詳しく説明しますが，多くの場合，挨拶言葉に代表される定型化された表現（決まり文句）の意味で使われていますが，本書では，情報科学の分野で使われているチャンク，つまり，情報をまとめた単位として使われています。よって，チャンク文型論とは，文型の構成要素をチャンク，いわば数学の方程式で使用される変数（X）として扱うことを意図しています。決して定型表現で文型や文法を教える試みを提言するものではありません。その点，ご理解いただけると幸いです。

　合わせて前もってお断りしておきますが，本書は新しい英文法理論を提案するものではありません。つまり，英語の文法書ではありません。英語の文法について新しい知見を提供することを目的としていません。本書が追究しているのは，あくまで日本人英語学習者のための文法指導に対する新しい考え方や，新しいアプローチの方法を提示することです。本書が読者の先生方にとってご自身の指導方法を振り返るきっかけとなり，日々の指導に少しでもお役に立てれば光栄です。

　正直なところ，筆者は英語教育に関連する著書や論文は人並みに発表しており，中学校や高等学校で使用されている英語検定教科書も執筆していますが，いわゆる文法書なるものはこれまで一冊も執筆していません。そのような自分が，文法の指導書，特にその目玉である文型指導についての本を世に問うのは，いささか差し出がましいのではないかと，今も日々自問自答しています。自身の学問的な専門はあくまで英語教育学で，英語学ではありません。英語教育という営みを科学的に分析し，その分析結果をもとにより望ましい英語教育の在り方を提言するのが仕事です。その点をご理解いただき，本書が読者にとって意味のある提言となっていれば幸いです。

　なお，本書には国内・国外の文献が数多く引用されています。外国人の氏名を提示する場合の方法は，次のようになっています。まず，外国人であっても，既によく知られている人物名はカタカナと英語で表記します。例えば，「チョムスキー（Chomsky）」のように。あまりよく知られてはいないが，議論の展開上，何度も登場する人物は，よく知られている外国人の

はしがき

場合と同様の形で表記します。例えば,「クラッテンデン (Cruttenden)」のように。最後に,それほど知られていない人物の場合は,原語のまま記載しています。例えば,「Canale (1983)」のように。誰がよく知られていて,誰が知られていないかの判断はあくまで筆者が独断で行いました。ご容赦ください。さらに,姓が同一の場合 (例えば Nick Ellis と Rod Ellis) は,N. Ellis (2012) と R. Ellis (2008) のようにイニシャルを付けて表示しているところもあります。また,同一著者による複数の著作に言及する場合は,Wood (2002, 2015) のように発表年を続けて示しています。初版の著作が入手困難で,復刻版や改訂版に言及する場合もこの方法を踏襲しています。

また,随所で我が国の文部科学省から告示されている学習指導要領とその解説に言及し,必要に応じて該当箇所の引用もしています。その場合は,文部科学省のウェブサイトに掲載されているものでなく,書籍として出版されたものを活用しています。よって,告示年度と出版年が異なっている場合もありますので,ご了解ください。

本書をまとめるに当たって,様々な方々に支援していただきました。特に,私の新米教師時代の中学生達には心からお詫びとお礼のことばを申しあげたいと思います。当時,チャンクに基づく文型指導の構想を思い立ち,それを実践したものの,いま思えば,若さゆえにずいぶんと無鉄砲な指導をしたと思うからです。

最後になりましたが,本書の出版に当たっては,研究社編集部の津田正氏より並々ならぬご支援をいただきました。草稿の段階から的確なフィードバックをいただき,お陰様で読者の皆様にとってより分かりやすく,より意義のある著作に仕上がったと思います。この場をお借りして心より感謝の意を表したいと思います。

2019 年 8 月

伊 東 治 己

目　次

はしがき————————— iii

第1章　序　論 ————————————— 1
1. 外国語教育における文法指導 ——————— 1
2. 文法指導を巡る論争 ————————————— 5
3. 文法指導再評価の動き ———————————— 8
4. 新たな課題 ———————————————————— 15

第2章　なぜ入門期から文型指導 ————— 19
1. なぜそもそも入門期から文法指導が必要とされるのか —— 19
2. なぜ文型に注目するのか —————————— 35
3. 文型の教育的価値 —————————————— 41
4. まとめ ——————————————————————— 60

第3章　文型再考 —————————————— 63
1. 伝統的5文型 ————————————————— 63
2. クワーク学派の7文型 ———————————— 65
3. ホーンビーの動詞型 ————————————— 68
4. 学習指導要領における文型 —————————— 71
5. 従来の文型論からの転換 ——————————— 73
6. まとめ ——————————————————————— 76

目　次

第4章　チャンク文型論の主張　　78
1. 学問的整合性よりも学習効果を優先する　　78
2. 文型の構成単位をチャンクと考える　　82
3. 学習が進むにつれて文型の形を変化させる　　88
4. 言語学習をチャンクの多様化と拡大のプロセスと考える　　91
5. 文型を英文理解だけでなく英文産出のためにも活用する　　95
6. 和文英訳で意識的・認知的な文型学習が可能になる　　100
7. まとめ　　110

第5章　チャンク文型論の展開　　113
1. Be動詞文の場合　　113
2. 一般動詞文の場合　　121
3. Be動詞文と一般動詞文の文型のまとめ　　125
4. 入門期英語のミニマム・エッセンシャルズ　　128
5. ミニマム・エッセンシャルズを土台として　　131
6. 文型理解からコミュニケーション活動へ　　141
7. まとめ　　171

第6章　結　論　　175
1. 教室での学習の再評価　　175
2. 入門期教育英文法の核としての文型指導　　179
3. 小中高連携の触媒としての文型指導　　183

引用文献　　191
索　引　　205

第1章

序　論

1. 外国語教育における文法指導

　外国語を教えるという行為は，文明の誕生とともに始まり，その歴史は歴史とほぼ同じ長さであると言われています (Titone, 1968, p. 5)。しかし，学校教育の中で外国語が組織的に教えられるようになったのは近代に入ってからです。当初はいわゆるエリート層を対象に古典語であるギリシャ語やラテン語が教えられていましたが，その後，教育の対象が一般庶民にも拡大され，普通教育が行われるようになると，古典語に代わって現代語（英語やドイツ語やフランス語）が教えられるようになりました。アメリカにある英語以外の外国語の教育を専門的に扱う研究団体は National Federation of Modern Language Teachers Associations（現代語教師協会全国連合）という名称で，その機関誌は *The Modern Language Journal* です[1]。

　その後，社会が徐々に国際化されるにつれて，日本のように，英語を母語としない国々においては英語が第1外国語として教えられるようになりました。当初は外国語としての英語教育でしたが，社会の国際化がさらに進行する中で，外国語としての英語教育から国際語としての英語教育への移行現象が見られます。それと並行する形で，外国語教育の早期化が進行しており，早期英語教育が世界的な広がりを見せています。英語の学習形態も，現代語として学校で指導されるようになってから，当初の英語について学ぶ形態（Learning about English）から，英語そのものを学ぶ形態（Learning English），さらに今日では英語で学ぶ形態（Learning through

第1章 序　論

English) が急速に拡大しています。英語を教授言語とする CLIL (Content and Language Integrated Learning, 内容言語統合型学習) や EMI (English-medium Instruction) が世界的な広がりを見せています (Coyle, Hood, & March, 2010; Marsh, 2013; Ball, Kelly, & Clegg, 2015)。

　このような歴史を有する外国語（英語）教育ですが，筆者はその近代以降の歴史を以下の図 1–1 が示すように，3 つの段階に分けて考えています（伊東，1999a, pp. 2–6）。

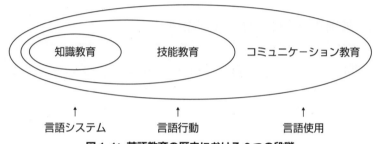

図 1–1: 英語教育の歴史における 3 つの段階

　第 1 段階は知識教育の時代です。時期的には，19 世紀から 20 世紀前半までを指します。この時代の言語・言語学習観は，言語とは規則の体系であり，その規則を理解し，知識として獲得していくことが外国語の学習であるという考え方が主流をなしていました。指導法としては，規則つまり文法に基づいて目標言語（英語）から母語への翻訳と母語から目標言語への翻訳を通して文法規則を学習者の中に定着させる方法，いわゆる文法訳読式教授法 (Grammar-translation Method) が採用されていました。指導される技能としては，読むことと書くことに指導の重点が置かれました。

　第 2 段階は技能教育の時代です。時期的には，20 世紀半ばから 1970 年代までを指します。この時代を特徴付ける言語・言語学習観は，言語とは行動であり，その行動を技能（スキル）として習慣化することが外国語の学習であるという考え方が主流をなしていました。指導法としては，言語の構造に焦点が当てられ，模倣・繰り返しや文型練習によってその構造の

習慣形成を図る方法，いわゆる Audiolingual Method (オーディオ・リンガル・メソッド) が採用されていました。指導される技能としては，「ことばは音声である」とする構造主義的言語観 (Fries, 1945, p. 6) を反映して，聞くことと話すことに指導の重点が置かれました。読むことと書くことは音声で学んだことを強化するための手段として位置付けられていました。

第3段階はコミュニケーション教育の時代です。時期的には，1980年代から現在までを指します。この時代の背景にある言語・言語学習観は，ことばは概念・機能を表象しており，それらを伝えるために使用することによって定着されるという考え方が主流をなしていました。指導法としては，概念・機能シラバスに基づいて編纂された教材を使用し，情報の授受に焦点化された活動やタスクをとおして目標言語の習得を目指す Communicative Language Teaching (CLT) つまりコミュニケーション重視の指導法が採用され，今日に至っています。指導される技能としては，4技能すべてが対象になりますが，なるべくそれらを統合して指導することが求められています。

以上，外国語 (英語) 教育の歴史を3つの段階に分けて説明してきましたが，その変遷は，それぞれの時代を特徴付けていた言語・言語学習観の移り変わりもさることながら，その当時のコミュニケーション・モード (情報伝達・授受の形態) の在り方にも影響されました。次の図1–2をご覧ください。

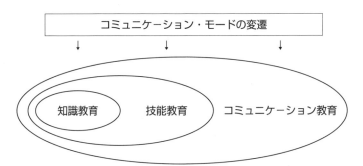

図1–2: コミュニケーション・モードの変遷と外国語教育

第1章 序　論

　　知識教育時代のコミュニケーション・モードは印刷物（書籍，新聞等）による情報の授受が中心でした。情報を発信する側にも受け取る側にも時間的余裕があるので，ゆっくり時間をかけて文法的に適切な英文を産出し，英文を正確に読み取ることができました。情報の授受と言っても，学習者にとっては情報の受け取りが主で，英語での情報発信は限定的でした。勢い，実際の授業ではテキストを正確に理解することに指導の主眼が置かれました。その意味で，文法訳読式教授法は，この時代のコミュニケーション・モードに合致した教え方であり，ある意味でコミュニケーションのための指導法であったとも言えます。

　　技能教育時代のコミュニケーション・モードには，それまでの印刷物だけではなくラジオやテレビでの情報の授受が加わりました。この時代も，学習者にとっては，情報の受け取りが主でしたが，知識教育時代では主流であったゆっくり時間をかけてテキストを理解することは時代遅れと見なされ，音声を聞きながらのスピーディな内容理解が求められました。英語を話す必要性はさほどありませんでしたが，ことばは音声であるという言語観のもと，聞くことに加えて話すことの技能の習慣化に指導の主眼が置かれました。

　　最後に，コミュニケーション教育時代のコミュニケーション・モードは，国際化の進展も相俟って，印刷物や情報機器での情報伝達だけでなく，生身の人間同士の情報伝達も加わってきました。LL 教室の個人用ブースの中でひたすらヘッドフォンから聞こえてくる英語に耳を傾けたり，マイクロフォンに向かって話すのではなく，相手や場面といったコミュニケーションのコンテクストを意識した情報の的確・適切でスムーズな授受が学習者に求められるようになってきました。従来から強調されていた正確さだけでなく，あるいは正確さを犠牲にしてでも流暢さが重視されるようになってきました。つまり，ことばの形式だけでなく，ことばの機能にも注意が向けられるようになったのです。その結果，情報の授受を促すペア活動やグループ活動に指導の主眼が置かれるようになってきました。

　　このように，外国語教育における指導法は，このコミュニケーション・モードの変化とそれに伴う言語・言語学習観の変遷に同期する形で変化し

てきたのです。本書のテーマである文法指導もこのコミュニケーション・モードの変化とそれと連動する形で進んだ言語・言語学習観の変遷に合わせて変化してきました。知識教育の時代においては，正確な情報の授受が求められたため，それを担保してくれる文法規則の学習を軸とする文法指導がもてはやされました。技能教育の時代においては，文法規則の適用はリアルタイムでの情報の授受には向いていないため，文の構造をパターンとして習慣化させることで迅速な情報の授受を実現させることが目指され，結果的にパターンの習慣形成に繋がる指導が中心になってきました。コミュニケーション教育の時代においては，ことばの仕組みを知識として理解することよりも，ことばを使って相手とのコミュニケーションを成立させることが重視されたため，文法の指導は敬遠されるようになってきました。今日では，文法とコミュニケーションが対立概念として捉えられる傾向も見受けられます。

　しかし，図1-1が示すように，コミュニケーション教育は知識教育や技能教育と完全に切り離されているわけではありません。コミュニケーション教育の時代においても，知識教育や技能教育の必要性は消失してはいません。それらを取り込む形でコミュニケーション教育は発展してきました。文法規則を教えることや，文法構造を習慣として内在化させることは，コミュニケーション教育の時代においても決して無視できない要素なのです。ただ，その割合や位置付けに対する姿勢が研究者や指導者の間で大きく異なっており，その結果として，今日に至るまで文法指導の在り方を巡って論争が繰り広げられてきました。

2. 文法指導を巡る論争

　文法指導の是非に関しては，上で紹介したように，それぞれの時代のコミュニケーション・モードの性格やそれと連動した言語・言語学習観の相違に起因する論争が長く続いています。母語の使用の是非と並んで，ホットな議論がとてつもなく長く，かつ今日に至るまで続いています。ただ，

第1章 序　論

　この文法指導の是非を巡る論争には，「文法」の捉え方の違いに起因する非生産的なものも含まれています。例えば，Bright (1947, 1967, p. 21) は，文法指導を巡る論争の不毛さを次のようなことばで表現しています。

> ENGLISH TEACHERS are concerned with clarity and precision of speech. It is therefore rather remarkable that we should ourselves be so muddled about the meaning of the term 'grammar'. This unfortunate confusion leads to a great many misunderstandings, and many arguments about whether grammar should or should not be taught are pointless because the disputants are not talking about the same thing.
>
> （英語教師はことばの明晰さと正確さにこだわります。ゆえに，文法という用語の意味に関して我々自身がかくも混乱しているのは驚くべきことです。この不幸な混乱は，数多くの誤解を生み出し，文法は教えるべきであるかどうかについての数々の論争は無意味です。なぜなら，論争者が同じことについて議論していないからです）

　このような状況は今日の我が国においても見られます。柳瀬 (2012, p. 52) は，「『英語でのコミュニケーションのために英文法は必要なのか？』と一部では未だに問われ続けていますが，明確な定義をしないままの論争は不毛です」と言い切っています。Brightや柳瀬が鋭く糾弾している文法指導を巡る非生産的な論争が続いてきた理由の1つとして，文法の多面性を指摘することができます。我々が「文法」という用語を使う時，以下のように異なる意味で使われうるのです。

① 目に見えない存在としての文法：言語の構造あるいは体系
② 知識・能力としての文法：人々が母語や外国語の習得過程で獲得した知識・能力
③ 理論としての文法：言語体系についての言語学者の仮説（文法理論）
④ 規則としての文法：言語の仕組みを説明する記述をまとめたもの

柳瀬 (2012, p. 53) は，① と ② の文法を「体現される文法」，③ と ④ を「語られる文法」と見なしています。当然，当事者が ① から ④ のどの意味で「文法」という用語を使っているのか明示しないままの論争は不毛です。安井 (2012, p. 271) は，文法不要論を唱える人たちにとっての文法は「なんの役にも立たない文法用語の長いリスト」であり，逆に文法は必要であると考える人たちの文法は「文の意味を理解するために必要となってくる文の仕組み」であり，後者の意味で文法という用語が使われる場合には「文法不要論などが入り込むすきまなどどこにもない」と断言しています。

　文法にはもう 1 つの多義性が備わっています。英語教師が「文法」という用語を使用する時，それは発音や語彙と区別する意味で使用する場合が多くあります。我が国の学習指導要領でも文法は発音や語彙と並列的に使用されています。これを本書では「狭義の文法」として位置付けます。しかし，場合によっては「文法」が発音や語彙も包摂する場合もあります。発音や語彙や語順などことばの仕組みを表すものとして「文法」が使用されるのです。本書ではこの文法を「広義の文法」として位置付けます。つまり，次のような方程式が成立します。

　　発音 + 語彙 + 狭義の文法 = 広義の文法

狭義の文法は，いわゆるシンタックス (統語組織) と同義と見なされる場合もありますが，近年，語彙と統語の境界線も少しあやふやになってきています。例えば，Celce-Murcia (2002, p. 122) は grammar (文法) を次のように定義しています。

> syntax (word order), morphology (grammatical inflections on words), and function words (structurally important words like articles, prepositions, pronouns, auxiliary verbs, etc.)
>
> ([文法とは] 統語 (語順)，形態 (単語の屈折)，及び機能語 (冠詞，前置詞，代名詞，助動詞といった構造的に重要な単語) を指す)

第1章　序　論

　文法は，語順を軸とした統語体系，語形変化からなる形態，そして冠詞・前置詞・助動詞などの機能語で構成されるということで，本来語彙の範疇である機能語が文法の中に入れられています。Lewis (1993; 1996; 1997) はこの立場をさらに推し進めて，本来文法で扱われるはずの定型表現 (formulaic language) の中に語彙性を認めています。逆に，Hudson (2010) は，word grammar (単語文法) という概念を提起し，語彙の中の文法性を強調し，句構造は単語と単語の依存関係で説明できると主張しています。このように，語彙と文法の境界線が若干あやふやになってきています。
　議論を中学校で扱う文法項目のレベルで展開してみると，動詞の過去形は理論的には時制 (文法概念) として説明されますが，学習者にとってはどちらかと言えば語彙 (動詞) に関わる内容です。同様に，法助動詞が伝えようとしている概念 (義務や許可等) も文法的ですが，法助動詞そのものは学習者にとっては語彙項目 (機能語) として機能しています。つまり，語彙と文法の関係が必ずしも一枚岩ではないのです。
　最近ではこれに追い打ちをかけるように，上で取り上げた狭義の文法であれ，広義の文法であれ，これまでの文法を文のレベルの決まりごと，つまり文文法 (sentence grammar) として捉え，その枠を超えた文法現象を扱う談話文法 (discourse grammar) という新しい文法概念も生まれています (Celce-Murcia & Olshtain, 2000; Celce-Murcia, 2002; 田鍋, 1982)。
　以上，文法の多義性を2つの観点から論じてきましたが，このような文法の多義性の共通理解がないまま，外国語学習における文法の是非を巡る議論が展開される場合もあります。このように考えてくると，文法指導を巡る論争は，今後も当分の間続きそうです。

3.　文法指導再評価の動き

　外国語教育の歴史を紹介したところで触れたように，今日のコミュニケーション教育の時代においては，ことばの形式 (form) よりも意味 (meaning) が，正確さ (accuracy) よりも流暢さ (fluency) が重視される傾向にあり，

3. 文法指導再評価の動き

その結果として，文法指導よりもコミュニケーション活動に指導の力点が置かれています。どうしてこのような事態になっているのか，自分なりに現状分析を行ってみると，以下のような分析結果に至りました。

① コミュニケーション志向が強まる中で，言語要素（発音・語彙・文法）よりも言語技能（聞くこと・読むこと・話すこと・書くこと）を無条件に優先する傾向が見られます。学習指導要領の中身の変遷を見れば，この傾向は明らかです。
② 教室で言語活動を行うことの意義が十分に吟味されずに，ただ「言語はコミュニケーションの手段である」という大義名分ですべてが片付けられてしまう傾向があります。例えば，英語での道案内やレストランでの注文はコミュニケーション重視の授業の定番となっていますが，小学生や中学生が外国人旅行客に道を尋ねられる機会や，外国で小・中学生がレストランで料理を注文する機会はさほどありません。将来その機会があるかもしれないということですが，遠い将来のことのように思えます。
③ それまでの教師中心主義に代わって，学習者中心主義が高まりを見せる中で人為性つまり教師の学習過程への介入 (intervention) が忌避され，自然体 (naturalness) が無条件に歓迎される傾向が見られます。自然体での学習とは，聞こえはよいですが，とにかく時間が掛かります。外国語としての英語教育においては，授業時数は限られています。
④ 自然体が歓迎されているということは，とりもなおさず教授法の本質が人為性にあることが忘れられていると言えます。教育とはある意味で，限られた時間や環境の中で最大限の効果を生み出す試みとも言えます。だからこそ，教授法が必要とされているのです。そもそも自然な学習環境での学習に教授法は不要です。
⑤ 結果的に，教える側にも，学ぶ側にも，文法指導への誤ったわだかまりが見られます。コミュニケーション重視の英語授業にとって，文法はいわば必要悪として見なされてきました。表だって「文法こ

第1章 序　論

そ英語学習の要」と言えない雰囲気が漂っていました。

　以上，簡単に現状分析を行ってきましたが，あくまで個人的な見解です。ただ，コミュニケーション重視の授業が普及するにつれて，徐々に我が国の英語教育において文法の存在感が後退してきたことは事実のようです。学習指導要領の変遷を辿ってみても，中学校の場合は，指導内容の精選という旗印のもと，中学校で指導されていた文法事項がどんどん削られたり縮小されたり，高等学校へ移行されてきました。次の表 1-1 をご覧ください。昭和 33 (1958) 年度改訂の中学校学習指導要領で示された文法事項の抜粋です。

表 1-1：中学校学習指導要領抜粋（昭和 33 年改訂）

> 文法事項は，第 1 学年および第 2 学年の内容として示したものに次のものを加えた範囲とする。
> （ア）代名詞　関係代名詞を扱うが，前置詞＋関係代名詞は＊とする。
> （イ）副　詞　関係副詞を扱う。
> （ウ）動　詞　a 時制は，過去完了形および現在完了進行形とする。
> 　　　　　　　b 受身の形は，完了形を扱う。＊
> 　　　　　　　c 分詞構文のうち基本的なものを扱う。＊
> 　　　　　　　d 仮定法を扱い，次の程度とする。＊
> 　　　　　　　　 I wish 〜 動詞または助動詞の過去形〜．
> 　　　　　　　　 If 〜 should または動詞の過去形〜．
> 　　　　　　　e 話法のうち平易なものを扱う。＊
> 〔備考〕＊印を付した文法事項は，授業時数を **175 単位時間以上（週当り 5 単位時間以上）** とする場合に取り扱うものとし，授業時数を **105 単位時間（週当り 3 単位時間）** とする場合には軽く触れる程度にとどめるものとする。

　当時は，週当たり 5 時間も英語の授業が開講されていました。まだ土曜日にも授業が行われていた時代です。その点もさることながら，ここで取り上げられている文法事項は当時の中学校 3 年生を対象としたものですが，そのほとんどはその後の改訂で高等学校での指導に移されていきました。

3. 文法指導再評価の動き

　以前,「中学英語で英会話は大丈夫」のような英語学習の啓蒙書が出版されていましたが, そのような著作を書かれた方はこの当時の中学校での指導内容を念頭にそのような意見を表明されていたのかもしれません。筆者自身, この昭和33 (1958) 年度改訂の学習指導要領に則って作成された英語教科書を使って学習した世代ですが, 現在でも多くの高校生や大学生が理解に苦しんでいる話法を教わりました。直接話法から間接話法への転換, またはその逆の転換, それに関連した時制の一致, 代名詞の一人称から三人称への変化, 時を表す副詞や副詞句の変換, 直接話法での引用符に囲まれた会話文の内容によって, 間接話法での述語動詞を一般的な told ではなく asked や suggested に変えることなども中学生の時に学習しました。当時の担当の先生に, 学習プリントを使って丁寧にその仕組みを教えていただいたのを今も鮮明に覚えています。

　高等学校の場合は, 学習指導要領の変遷は文法教科書消滅の歴史でもあります。次ページの表1–2をご覧ください。改訂年度は元号で示されています。今では考えられないかもしれませんが, 授業科目に「文法」という科目は設定されていませんでしたが, 文法の検定教科書が出版され, 学校でも使用されていたのです。筆者自身は, 高等学校で作文と文法が一体化した教科書で3年間学習しました。その後, 高等学校の教壇に立った時は, 文法の検定教科書1冊をまるで参考書のように3年間かけて指導する経験を持ちました。非常に教えづらかったことを今もよく覚えています。その後, 昭和57 (1982) 年度からは文法の検定教科書は姿を消しました。かといって, 高校での英語授業から文法のテキストがまったく姿を消したわけではありません。現在でも多くの高校で, 市販の文法参考書や文法問題集を生徒に持たせ, 各学年に割り振られた時間内でこれらの参考書や問題集を使っての授業が展開されているのは周知の事実です。文法の検定教科書が消滅したことと連動して, 学習指導要領に記載されている内容も, 言語材料 (特に文法事項) に関する内容よりも, 言語技能についての記載が主体となってきました。よく日本の学習指導要領は文法シラバス的な性格を有すると言われますが, 現状は4技能についての記載が中心で, 技能シラバス的性格を有しています。

第 1 章　序　　論

表 1-2：高等学校学習指導要領の科目名の変遷と文法教科書

学習指導要領（外国語）		文法教科書	
昭 22	下位区分なし	昭 23	未分化の時代
昭 26	下位区分なし	昭 27	英語の実際的使用
昭 30	下位区分なし		（各学年 1 冊）
昭 35	英語 A，英語 B，ドイツ語，フランス語，外国語に関するその他の科目	昭 32	作文・文法 （各学年 1 冊）
昭 45	初級英語，英語 A，英語 B，英語会話，ドイツ語，フランス語	昭 48	文法 （3 学年で 1 冊）
昭 53	英語 I，英語 II，英語 IIA，英語 IIB，英語 IIC，ドイツ語，フランス語	昭 57	文法教科書なし
平元	英語 I，英語 II，オーラル・コミュニケーション A・B・C，リーディング，ライティング，ドイツ語，フランス語		
平 11	オーラル・コミュニケーション I・II，英語 I，英語 II，リーディング，ライティング，英語以外の外国語に関する科目		
平 21	コミュニケーション英語基礎，コミュニケーション英語 I・II・III，英語表現 I・II，英語会話，その他の外国語に関する科目		
平 30	英語コミュニケーション I・II・III，論理・表現 I・II・III，その他の外国語に関する科目		

　このように，コミュニケーション重視の英語授業が唱導される中で，文法指導の重要性が再評価されつつあるのも事実です。国内・国外を問わず，文法指導を扱った文献（例えば 21 世紀になってからの文献に絞っても，Larsen-Freeman, 2003; Hinkel & Fotos, 2008; Nassaji & Fotos, 2011; Christison, Christian, Duff, & Spada, 2015; 大津，2012a など）が数多く出版されていますし，英語教育関係の月刊誌においても定期的に文法指導の特集が組まれています[(2)]。一度は姿を消した文法の検定教科書ですが，それに近い内容の検定教科書も今日の高校の教育現場で幅広く採用されています。
　このように文法指導が再評価されるに至った背景としては，以下のよう

3. 文法指導再評価の動き

な要因を指摘できると思います。まず第1の要因は，Audiolingual Method の欠陥を是正する形で誕生し，世界に伝搬していき，今日の外国語教育におけるパラダイムを形成している CLT (Communicative Language Teaching) への不満や疑問です。CLT では，明示的な文法説明を避け，情報の授受に焦点化された活動（コミュニケーション活動やタスク活動）をとおして学習者の中にいわゆる言語運用能力 (communicative competence) を育成するという方針が採用されています。コミュニケーション活動やタスク活動としては，よくインタビュー活動や問題解決活動が実施されますが，意味や意図が相手に伝わればよいということで，必ずしも正確な英文ではなくて，語彙やフレーズを使ってのコミュニケーション活動が展開されます。また，活動の過程で得られた情報も日本語でのメモの形でワークシートに記載される場合も多くあります。タスク活動では，正しい英文が話せたか，書けたかではなく，活動の目的（例えば目撃者の証言とペアの相手から得られた情報に基づく銀行犯人の確定）が首尾よく達成されたかどうかで活動の成果が評価される傾向にあります。当然のことながら，英文の意味を文構造に留意しながら正確に読み取ったり，文法規則に則った正しい英文を書き上げるという活動がおろそかにされる傾向にあります。その結果，流暢さはある程度達成できたものの，正確さの面がかなり犠牲になっているという状況が生まれてきました。

このような状況を目の当たりにして，文法を軽視しがちな CLT の指導法に警鐘を鳴らす研究者がでてきました。例えば，Higgs and Clifford (1982, p. 78) は，CLT 全盛期にも拘わらず，以下のような警告を発しています。

There appears to be a real danger of leading students too rapidly into the "creative aspects of language use", in that if successful communication is encouraged and rewarded for its own sake, the effect seems to be one of rewarding at the same time the incorrect communication strategies seized upon in attempting to deal with the communication strategies presented.

第1章 序　論

（生徒達を言語使用の創造的局面へとあまりに早く導くことには真の危険が伴うように思えます。なぜなら，仮に有用なコミュニケーションが推奨され，そのために報酬が与えられるのであれば，その効果は，当該コミュニケーション方略を取り扱う試みにおいて依拠することになった間違ったコミュニケーション方略にも報いることになるからです）

また，CLTの理念をさらに一段と強化したとも言えるタスクを基盤とした指導法（Task-based Approach）が外国語教育の中で広がりを見せる中で，Skehan (1996, p. 21) も次のように，その指導法に含まれる危険性を指摘しています。

> The advantages of such an approach [task-based approach] are greater fluency and the capacity to solve communication problems. But these advantages may be bought at too high a price if it compromises continued language growth and interlanguage development.
>
> （そのようなアプローチ［タスク基盤アプローチ］の利点は，流暢さが増し，コミュニケーションに関わる問題を解決する能力が身につくという点です。しかし，それが継続的な言語の成長と中間言語の発達を阻害するのであれば，これらの利点の代価はとても高くつくかもしれません）

このような CLT への疑問や不満が表面化する中で，基本に返ろうと，文法指導を見直す動きも出てきたのです。この文法回帰の傾向にさらに拍車をかけたのが，いわゆるフォーカス・オン・フォーム（focus on form, 略して FonF）の動きです。この FonF は，従来型の明示的で演繹的な文法指導をフォーカス・オン・フォームズ（focus on forms, FonFs）として規定する一方で，その反動として生まれてきた意味を重視する指導法——例えば内容重視の指導法（Content-based Instruction）やイマージョン教育（Immersion Education）——をフォーカス・オン・ミーニング（focus on meaning, FonM）と規定し，それ自身はその中間に位置するもの，より正確には，FonM の中で形式への気付きを誘発する指導法として自らを規定しています（Long, 1991; Doughty & Williams, 1998; 和泉，2009; 髙島，2011）。この FonM の中での形式

への気付きをいかに誘発するかという問題に答えるために文法指導が再評価されてきたのです。

この FonF の広がりと並行する形で，言語学習を学習者の内部で起こっている認知活動との関係で説明しようとする認知主義の高まりも (Sharwood Smith, 1981; Rutherford, 1987; Skehan, 1998; 田中・佐藤・阿部, 2006; 今井, 2010; 大西・マクベイ, 2018)，文法指導再評価の要因になっていると言えます。

4. 新たな課題

　文法指導の再評価が進行して行く中で，ここに来て，新たな要因が生まれてきました。1つは，2020年度から完全実施される小学校英語の教科化で，もう1つは大学入試センター試験の後継として実施される「大学入学共通テスト」での実施が予定されている4技能型の民間試験の活用です。

　小学校英語に関しては，従来は高学年で週1回の外国語活動が必修となっているだけで，文法指導どころか文字指導も表だってできない状況でしたが，2020年度から完全実施される次期小学校学習指導要領 (2017年3月告示) のもとでは，これまでの外国語活動は中学年に低年齢化され，高学年から新しく教科としての外国語 (実質的には英語) の授業が週2回の割合で実施されることになっています。これまでは「聞くこと」と「話すこと」の指導に限定されていましたが，次期学習指導要領のもとでは，「聞くこと」と「話すこと」(やり取りと発表) に加えて，「読むこと」と「書くこと」も指導の対象となり，文字も組織的に指導されるようになります。

　加えて，小学校の授業で扱うべき文型 (2008年3月告示の中学校学習指導要領から「文型」に代わって「文構造」という用語に変更) や文法事項も明示されました。ただ，これらの文型や文法事項はどちらかと言えば，教科書執筆者への指針であって，学習指導要領に示された文型や文法事項を組織的に指導することにはなっていません。それらの文型や文法事項をもとにした英文が教科書の中に掲載されることになるだけです。それらの文型や文法事項を組織的に指導するかどうかは実際に指導に当たる教師の

第 1 章　序　　論

判断に委ねられていると言っても決して過言ではありません。現行の中学校学習指導要領（2008 年 3 月告示）に示されていた文型や文法事項が小学校に前倒しされていることを考えれば，小中連携の立場から，今後は小学校でもある程度組織的な文法指導も検討せざるを得ないと思われます。小学校で文型や文法事項を組織的に指導することに対しては，まだまだかなりの抵抗があると思いますが，高学年の児童の発達段階を考えれば，一概にそれを無理と判断することはできないかもしれません。

　この点に関しては，興味ある一連の記事が月刊誌『英語教育』（大修館書店）1992 年 7 月号から 12 月号にかけて掲載されています。その当時，安田女子大学（広島市）に勤務されていた松浦伸和氏と広島大学総合科学部に勤務されていた山田純氏を中心としたチームが行った小学校での英語教育実験（松浦, 1992）は，当時の中学校で使用されていた検定教科書を使用し，中学校で採用されていた文法指導の方法を私立の小学校 4 年生を対象に 1 年間実施して，その効果を検証するものでした。当時はまだまだ小学校英語への関心がそれほど高くない時代で，中学校での指導法を，今のことばで言えば「前倒し」した取り組みに関して，研究者の間で同じ月刊誌『英語教育』での誌上討論に発展した経緯があります[3]。松浦氏・山田氏らのプロジェクトは極めて先駆的な取り組みでしたが，全体的には，その当時の雰囲気を反映してか，ある程度の成果は認められたものの，単発的な取り組みに終わってしまったようです。2020 年度より小学校高学年で教科としての外国語（実質的には英語）の授業が週 2 回の割合で実施されることになっている現在，松浦氏・山田氏らの取り組みの見直しも価値があるのではないかと思われます。いずれにしても，今後，小学生に対する文法指導の是非や，仮に是とした場合の文法指導の在り方を巡って活発な議論が展開されていくものと思われます。本書がその議論のための参考資料となれば幸いです。

　次に，「大学入学共通テスト」の英語に関しては，いずれは従来の大学入試センター試験は廃止し，4 技能型の民間試験を活用することが予定されています。現在，それを巡ってはいろいろな課題や問題点が提起されており（南風原, 2018），予定されている形で実施されるかどうか不透明です

4. 新たな課題

が[4]，仮に計画どおり実施されることになると，4技能型の民間試験では，いわゆる文法の問題は出題されません。大学入試の形態によって，大学進学を希望する生徒が多数を占める高等学校での英語授業の在り方が左右されるのは必至です。ただ，民間試験に直接受験者の文法知識を尋ねる問題がないからと言って，高校での授業から文法指導が消えるのか，消えないまでも比重が小さくなるのかどうかは分かりません。各国公立大学が実施する個別試験や私立大学の入学試験の在り方にも左右されるとは思いますが，おそらく文法指導が必要でなくなるという事態にはならないと思います。今後，いわゆる進学校に限らず，4技能の運用を支援する文法指導の在り方が今まで以上に問われることになると思います。

以上，2つの新たな課題を考慮すると，これまで以上に文法指導に熱い視線が注がれることになると想定されます。その意味で，まさに文法指導は不滅なのです。

注

(1) 現代語教師協会全国連合（National Federation of Modern Language Teachers Associations）については https://nfmlta.org/ を参照。

(2) ここ10年あまりの期間に刊行された『英語教育』（大修館書店）の特集記事を調べてみると，以下のように文法指導が繰り返しテーマとなっています。「「解説」で終わらせない文法指導」2013年11月号，「わかる・使える文法指導の名人技」2014年11月号，「比較・対照で理解する文法指導の急所」2015年10月号，「語法文法研究の愉しみ」2016年11月号，「知識から活用へ 変わりゆく文法指導を考える」2018年11月号，「DDLによる文法指導「気づき」から「理解・定着」へ」2019年1月号，「語彙・文法指導を整理する「受容」と「発信」の観点から」2019年2月号。

(3) この誌上討論の詳細については，『英語教育』1992年8月号の野上三枝子氏（当時日本橋女学館短期大学）の記事「小学校で中学型英語教育をしないで」，同年10月号での山田氏による反論，同年11月号での土屋澄男氏（当時文教大学）による山田氏の反論への反論，同年12月号での山田氏による土屋氏への反論をご参照ください。

第1章 序　論

(4)　大学入試センター試験の後継として2020年度から実施される大学入学共通テストにおいて，4技能型の民間英語試験が活用されることが既にほぼ決まっています。しかし，その活用形態には未だに不透明なところがかなり残されています。現時点 (2019年8月) では，初年度用に8種類の民間試験が大学入試センターによって認められています (TOEIC は一度参加を辞退しましたが，初年度に限り特例措置として認められています)。受験生は高校3年の4月から12月の間に受けた2回の民間試験の成績を，大学入試センターを通して志望する大学に提出し，評価を受けることになっています。ただ，それぞれ目的が異なる民間試験での成績を CEFR の指標に換算して比較することや，受験生が住んでいる地域や家庭の経済状況によって民間試験の受験機会が左右されるなど，公平性を懸念する声も上がっています。このような声を反映してか，これまでの大学入試センター試験での英語の試験を，「読む・聞く」の2技能を測るためのテストに修正した上で2023年度までは実施することになっています。その間，受験生は原則として大学入試センターが作る新テストでの英語の試験と民間試験の双方を受験することになっていますが，2つの試験の成績の取り扱いについては，各大学でかなりの温度差があります。2024年度以降は，民間試験だけの実施になる予定ですが，その種類や実施形態を含めて，まだ確定しているわけではありません。

第2章

なぜ入門期から文型指導

1. なぜそもそも入門期から文法指導が必要とされるのか

　文法指導に否定的な研究者・教師はもちろんのこと，文法指導に肯定的な立場をとっている研究者・教師でも，学習開始当初から明示的な文法指導を展開することには否定的な立場を取っている人の方が多数派を構成しているように思えます。例えば，学習者変数と教授変数に応じて明示的文法指導の有効性の度合を示した Celce-Murcia (1985, p. 297) の文法指導マトリックスに従うと，外国語学習の入門期においては，明示的文法指導の下での意識的な文法学習は好ましくないものとして規定されています。また，第二言語習得 (SLA = second language acquisition) 研究の成果をもとに，R. Ellis (2002, p. 23) は，以下のように，文法指導はある程度学習が進んでから行われるべきであると主張しています。

> If grammar teaching is to accord with how learners learn, then, it should not be directed at beginners. Rather, it should await the time when learners have developed a sufficiently varied lexis to provide a basis for the process of rule extraction.
>
> （仮に文法指導が学習者の学びの方法と歩調を合わせるべきであるとすると，それは初級者に対して行うべきではありません。むしろ，規則の抽出プロセスの基礎を提供するのに十分なほど多様な語彙を学習者が発達させる時まで遅らせるべきです）

第2章　なぜ入門期から文型指導

　この引用の中の初級者がどのレベルの学習者を指しているのかは必ずしも明らかにされていませんが，R. Ellis はこの立場から，学習開始当初は語彙の学習とその語彙をコミュニケーション場面で活用するための学習方略の習得に指導の重点を置くべきで，"the rule-governed nature of language"（規則に支配されるという言葉の性質）に学習者の注意を向けるのは極力遅らせるべきだと主張しています。自然な第二言語習得の研究成果をそのまま様々な制約のもとで行われている日本の学校英語教育に当てはめることはできないと思いますが，小学校は当然のこと，中学校での英語教育においても，この考え方が支配的なパラダイム（Kuhn, 1970; クーン, 1971）を形成していると推察されます。
　しかし，このパラダイムは，たぶんに文法を複雑な規則の体系としての伝統的学校文法と見立てた場合の考え方であり，文法に対する偏見や個人的なネガティブな体験に基づいている可能性もあります。本書は，この入門期での明示的文法指導を問題視するパラダイムへの挑戦です。言語や言語学習についての理論的考察および中学教師時代の筆者自身の個人的経験と教育実践に基づいて，英語学習入門期（当面中学校1年次を念頭に入れています）における文法学習，その中でも特に，文型を中心とした意識的で認知的な学習の意義を論ずるものです。そこで，まず，なぜそのように考えるか，その理由を，4つの立場，つまり言語本質論，学習者論，コミュニケーション能力論，現実論の立場から考えてみたいと思います。

(1)　言語本質論の立場から

　よく「言語は音声だ」と言われます。国内・国外を問わず，外国語教育の研究者の多くがこの点を力説しています。例えば，第二次大戦後の日本の学校英語教育に多大な影響を及ぼしたフリーズ（Fries, 1945, p. 6）は "The speech is language. The written record is but a secondary representation of the language." つまり「話しことばこそ言語なのです。書きことばはその二次的な表象にしかすぎません」と述べ，書きことばに対する話しことばの優位性を強調しています。この主張が戦後の英語教育，特に文部省・文部科学省が進めてきた学校英語教育の礎を形成してきたことは明らかで，

今もなお強い支持を受けています。

この「言語は音声だ」という考え方からは，ごく自然に「言語の学習はまず音声から始めるべきだ」という考え，いわゆる Speech Primacy（音声優先主義）の思想が生まれてきます。4技能で言えば，まず「聞くこと」と「話すこと」の指導から始め，ある程度その学習が進んでから「読むこと」や「書くこと」の指導に移るべきだという主張です。さらに，この音声言語から文字言語へという学習の順序は，たとえ当該言語の教育目的が単に読む能力の育成にある場合でも，尊重されることになります。なぜなら，「hearing が出来てはじめて本当の意味での reading が可能になるのであり，reading の基礎は hearing である」（山家, 1972, p. 24）と考えられているからです。

この Speech Primacy の思想を実際の教室での指導技術の面に実現させたのが，いわゆる口頭導入（Oral Introduction）であり，外国語学習入門期における Pre-reading Period（教科書を使わない指導期間）です。当然の帰結として，英語学習入門期での教師の関心は文法よりも音声に集まることになります。この音声優先の考え方は，小学校に英語教育が導入されつつある今日においても広く支持されています。

しかしながら，この「言語は音声」という主張は，決して科学的に実証された原理ではありません。日本語の表現形式に注目すれば，「奈良は大仏」とか「鳴門は渦潮」とか「野球はカープ」などの表現と心理的には同じレベルにあるとも言えます。なるほど，幼児の母語習得や第二言語習得においては，対象言語の基本構造の学習が，文字の学習に先んじて音声をとおして行われるため，「言語は音声」という主張もある程度説得力を持っていますが，それはあくまで現象論的な原理であると考えられます。この点は，生まれつき耳が聞こえなくて，聴覚からの入力が一切得られない先天的な聴覚障害者（ろう児）も，手話を通して言語が獲得できること（伊藤, 2013; 正高, 2001）を考え合わせれば，お分かりいただけると思います。このように考えてくると，「言語は音声」という主張は，極論すれば，言語に対する話者の「思い入れ」や「哲学」を述べたものであり，最後は信ずるかどうかの問題になってきます。あいにく，本書ではこの「言語は音声」

という立場を取りません。
　なるほど、母語習得においては音声が文字よりも先に学習されるという意味で音声が「第一義的」であると言えるかもしれませんが、だからと言って、言語の本質を音声とは考えません。本書では、近代言語学の生みの親とも言われるスイスの言語学者ソシュール (1940, 1972, p. 171) の「言語は形態であって実体ではない」という考えに従い、言語の本質を、音声ではなく、言語の表層部（音声や文字）の背後に隠されている関係概念の体系として捉えることにします。ソシュール研究の第1人者である丸山 (1975, p. 44) の言葉を借りるならば、言語は「その現れである物理的材質（＝実質）ではなく、各要素間の対立関係の網（＝形相）から生まれる機能の体系」なのです。このように、目に見えない形で言語に本来備わっている関係概念の体系を学習者に理解させることは、外国語としての英語教育の重要な目的の1つと考えられます。だからと言って、これは文法書に記されているような文法規則をそのまま学習者に提示していくことを意味していません。学習者にやさしい文法 (learner-friendly grammar) という観点（伊東, 1992) から、文法指導の中身を学習者の熟達度を考慮しながら、慎重に吟味して行くことが求められます。この点には、後程（第3章で）詳しく触れることにします。

(2)　学習者論の立場から

　日本の学校英語教育というコンテクストにおいて入門期（本書の場合当面、中学1年次を想定）での文法指導の是非を論ずる場合、入門期と言っても学習者は12歳の年齢に達しているということを考慮に入れる必要があります。なぜなら、12歳という年齢は文法指導の是非を考える上で次のような重要な意味を持っているからです。
　まず、第1に、12歳と言えば、異論も存在していますが、いわゆる臨界期 (Lenneberg, 1967) が終わろうとしている時期です。これは、生来人間に備わっていると仮定されている言語習得装置 (Language Acquisition Device ＝LAD) の機能の低下を意味しています。つまり、日本の中学生が、英語でのコミュニケーション活動に従事する中で、自然に無意識的に英語の文

法体系を習得していく確率が少なくなっているのです。
　第2に，今となっては古典的な理論と見なされていますが，1960年代のアメリカでのFLES (Foreign Languages in the Elementary Schools) 運動に理論的基盤を提供したAndersson (1969, p. 44) によると，子どもの学習には条件的学習 (conditional learning) と概念的学習 (conceptual learning) の2種類が共存しており，その相互関係は次の図2-1のようになっています。

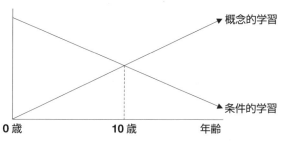

図2-1：条件的学習と概念的学習の推移

2020年度から完全実施される次期小学校学習指導要領によれば，小学校高学年 (10歳時) から週2時間の割合で教科としての外国語 (実質的には英語) の授業が開始されることになります。暗記を主体とした条件的学習とことばの仕組みを知的に理解するための概念的学習が交差する段階です。中学校1年生 (12歳) ともなると，概念的学習の方が条件的学習より優勢になっています。まだまだ暗記が得意な年齢ですが，抽象的な概念の学習へのレディネスができあがっていると考えられます。つまり，英文そのものを暗記するだけでなく，英文の背後に隠れている関係性，つまり文法も学習の対象となってもよい時期です。
　第3に，スイスの心理学者であるピアジェ (Piaget) の知的発達段階説によれば，12歳という年齢は，既に学習者の中にかなり抽象度の高い形式的操作を伴う学習へのレディネスが形成されていることを意味します。既によく知られていることですが，ピアジェは，子どもの知能の発達段階には次のような4つの段階が存在していることを示しました[1]。

第 2 章　なぜ入門期から文型指導

① 　感覚運動期（Sensorimotor period）（0～2 歳）
② 　前操作期（Preoperational period）（2～7 歳）
③ 　具体的操作期（Concrete operational period）（7～11 歳）
④ 　形式的操作期（Formal operational period）（11 歳～）

　このピアジェの理論に従えば，中学 1 年生は形式的操作期にあり，知的にかなり成熟していることが分かります。それが，上で触れた言語習得装置の機能低下を十分に補ってくれるのです。12 歳という年齢は外国語学習にとってそう悪いことだけではないのです。このことは，日本の中学校における英語教育においては，たとえ入門期といえども，知的成熟度がある程度高まっている学習者に対しては，その認知能力に訴えかけるような明示的文法指導が可能であることを示唆しています。
　しかし，いくら知的に成熟していると言っても，中学 1 年生にとっては，英語の文型や文法規則はまだまだ抽象的すぎるという反論や，文法指導は本来具体的であるはずの英語の学習を抽象化してしまうという危惧の念が研究者や現場教師からしばしば発せられます。そういう方々には，是非，中学 1 年生用の数学の教科書の中身を見ていただきたいと思います。「公約数・公倍数」「正の数・負の数」「一次方程式」「比例と反比例」など，かなり抽象的な形式的操作が要求される学習内容となっています。「文法規則は抽象的」と考える人々は，中学 1 年生の知的レベルを過小評価していると言わざるを得ません。方程式において求められる変数処理などは，英語の文型の理解と運用とも一脈通ずるところがあり，英語の学習においても有効に活用できそうです。とにかく，文法指導，即抽象的，即分かりにくいという短絡的発想は改めなければならないと思います。
　第 4 に，学習者が 12 歳ということは，知的に成熟していることに加えて，母語である日本語をほぼ完全に習得しているということを意味します。日本語の習得過程で実に豊富な言語学習経験を積んでおり，具体的な日本語の表現の背後にある抽象的な概念や言語処理能力をかなり獲得しているはずです。ただ，たいがい無意識的に獲得されており，そのままの状態では使えません。教師の方で活性化する必要がありますが，そのような概念

や言語処理能力が，外国語の学習においても大きな力となることは，Stern (1983, p. 346) の二言語使用能力についての Dual-Iceberg モデル (図 2-2) からも明らかです。

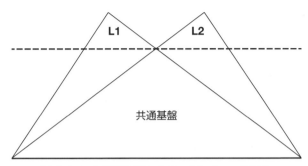

図 2-2: 二言語使用能力の Dual-Iceberg モデル

このモデルによれば，海面下に隠れている合体氷山の基底部よろしく，日本語 (L1) を既に習得している学習者が英語の学習を始める場合，英語 (L2) の習得に必要な言語知識・能力の実に 4 分の 3 は既に獲得しています。そうであれば，中学校での英語教育においても，日本語と英語の共通基盤を形成している言語知識や言語能力を生かした指導が求められてもよいはずです。問題は，水面下に隠されている共通部分をどう活性化するかです。英語にさらされるだけで自然に活性化される部分もあるかもしれませんが，やはりそこには，明示的な文法指導の可能性，しかも，伊東 (1992) で指摘したような日本語との比較を意識した文法指導の可能性が示唆されていると考えられます。この点については第 4 章で詳しく説明します。

以上，4 つの観点から，入門期での文法指導の可能性・必要性を説明してきましたが，我々は再度「子どもは母語を無自覚的・無意識的に習得するが，外国語の習得は自覚と意図から始まる」というヴィゴツキー (1934, 2001, p. 319) の言葉をかみしめる必要があると思います。大津 (2012b, p. 176) の「日本における英語学習はほとんどの場合，第二言語獲得ではなく，外国語学習の形態をとります。第二言語獲得の場合と違って，外国語学習の場合には，対象言語の文法が無意識的に身につくということはありません。

したがって，外国語学習においては意図的・意識的な文法学習が欠かせないものになります」という主張もその延長線上に位置付けられます。

(3) コミュニケーション能力論の立場から

社会の国際化が急速に進行していく中で，外国語で自由にコミュニケーションができる能力，いわゆる communicative competence (Hymes, 1972) の育成が世界的な規模において外国語教育の中心的課題になっています。それと連動して，外国語の指導法も，従来の目標言語の文法体系の正確な理解と運用に力点を置く文法中心的なものから，意味のある情報の授受に力点を置く言語活動中心的なものへと移行してきました。このように，外国語教育の分野においてコミュニケーション志向が急速に拡がってくる中で，いつしか文法指導はコミュニケーション能力の育成にとって必ずしも有効ではない，いやむしろ，それを阻害するものであるという考え方が世界的に幅をきかせるようになってきました。この点，日本の学校における外国語としての英語教育も例外ではありませんでした。しかも，このように文法をコミュニケーションの阻害要因として見る傾向は，英語教育の専門家だけでなく，次に示すある新聞の読者からの投書欄に掲載された文章に象徴されているように，実際に日本の中学や高校で英語教育を経験した一般の人々の中にも蔓延し，今日でもその傾向は続いているものと推察されます。

　　文法は会話が出来るようになってからでも遅くありません。私たちの日本語も話せるようになってから文法を習うので，頭に入って行くのだと思います。四，五歳の子供にこれが主語で，これが関係代名詞，と教えても分からないように，中学で言葉の意味が体にしみ込んでいないうちに文法を教えても，混乱するばかりではないでしょうか。

「学習活動」から「言語活動」へ，そしてさらには「コミュニケーション」へという教育指導上のキーワードの変遷が物語る過去半世紀にわたる学習指導要領改訂の経緯も，明らかに世界的な規模で進行しているコミュニ

ケーション志向の高まりを反映したものですが，それは同時に中学校や高等学校における文法指導の縮小を伴ってきたのも事実です。このような状況を目の前にして考えるに，国家的な規模で，文法を教えないことがコミュニケーションへの早道だと思われている節が感じられます。しかし，それは，多分に，上の新聞の投書の中にもよく現れているように，文法への誤解に基づいているように思えてなりません。

　もし，文法を生徒達が日頃使っている日本語の表現とはかけ離れている難解で抽象的な文法用語や，文法書に記載されているような極めて形式的で無味乾燥とした文法規則や文法理論と同一視する場合には，文法はコミュニケーションにとって有害という主張も一理あります。しかし，文法を英語という言葉を動かしている仕組みとして捉えた場合，文法はコミュニケーションにとってなくてはならない存在になります。CLT (Communicative Language Teaching) を提唱した中心的人物の一人である Wilkins (1976, p. 66) も，コミュニケーションにおける文法の重要性を次のように指摘しています。

It is taken here to be almost axiomatic that the acquisition of the grammatical system of a language remains a most important element in language learning. The grammar is the means through which linguistic creativity is ultimately achieved and an inadequate knowledge of the grammar would lead to a serious limitation on the capacity for communication.

（言語の文法体系の習得は言語学習におけるもっとも重要な要素であり続けるということは，ほとんど自明のものと見なされています。文法は，言語的創造性が最終的に実現されるための手段であり，文法の不十分な知識は，コミュニケーション能力に対する深刻な制限に繋がる可能性があります）

コミュニケーションを目指した外国語教育の必要性を説いた Wilkins 自身，コミュニケーションへの思い入れが文法指導の軽視を意味してはならないことを強く示唆しています。これと同様な考えは，Wilkins と同様に CLT

第2章 なぜ入門期から文型指導

の立場に立つ Morrow (1981, p. 65) によっても提示されています。

> Communicating involves using appropriate forms in appropriate ways, and the use of inappropriate or inaccurate forms militates against communication even when it does not totally prevent it. The acquisition of forms is therefore a central part of language learning; those of us interested in communicative approaches must not forget this in our enthusiasm to add the communicative dimension.
>
> (コミュニケーションという行いは, 適切な形式を適切な方法で使用することを必要とします。よって, 不適切あるいは不正確な形式の使用は, コミュニケーションを完全に妨げることはないにしても, それに不利に働くことになります。ゆえに, 形式の習得は, 言語学習の中核なのです。コミュニケーションを重視したアプローチに共鳴していても, 現在の指導法にコミュニカティブな要素を付与したいという熱意の中で, このことを決して忘れてはいけません)

なるほど, 社会言語学者 Hymes (1972, p. 278) の "There are rules of use without which the rules of grammar would be useless." つまり「言語使用に関する規則というものがあり, それなしでは文法規則は役に立たなくなるであろう」という指摘は, 文法規則以外の要因 (例えば, 発話の適切さ) もコミュニケーションの成立に深く関与している点を我々に教えてくれています。しかし, それがあまりに新鮮であったために, 外国語教師の関心が文法以外の要素の方に必要以上に引きずられてしまった感も否めません。それを是正する意味で発せられた "There are rules of grammar without which the rules of use would be inoperable." つまり「文法規則というものがあって, それなしでは使用に関する規則も機能しなくなるであろう」という Carroll (1980, p. 8) の指摘は, 今も, いや今だからこそ傾聴に値すると思います。Hymes の研究を足掛かりとして, コミュニケーション能力 (communicative competence) の構成要素について研究を進めた Canale and Swain (1980) も, その構成要素として, ①文法能力 (grammatical competence), ②社会言語的能力 (sociolinguistic competence), ③談話能力 (discourse compe-

1. なぜそもそも入門期から文法指導が必要とされるのか

tence), ④ 方略的能力 (strategic competence) という４つの下位能力を提示しましたが，その４つの下位能力のうち，文法能力がコミュニケーション能力の中核を形成するという点でかなりの共通理解が得られています (Canale, 1983)。つまり，外国語の理解と運用において文法的であることは，コミュニケーションを成立させるための必要十分条件ではないかもしれませんが，かなり重要な必要条件になっているのは確かなようです。我が国では，鳥飼 (2016, p. 60) が，コミュニケーションと文法の関係について，次のように発言しています。

> スポーツをやりたいと思ったら，ルールを学んで技能を磨くしかありません。英語も同じです。英語を使いたいと思ったら，ルール（文法という規則）を学び，スキル（聞くこと，読むこと，書くこと，話すことの４技能）を磨くしかありません。

つまり，英語をコミュニケーションのために使えるようになるためには文法が必要であるという主張です。問題は，入門期でのコミュニケーションにおいてもこれが妥当な考えかどうかです。

今日，母語 (L1) 習得の初期の段階においては，語彙や定型表現 (formulaic language) が重要な役割を担っていることが認められています。例えば，Mitchell and Myles (2004, p. 133) は，母語習得を開始した幼児の発話を分析した Brown (1973) の研究をもとに，母語習得の初期段階で観察される二語文でも複雑な意味を伝えることが可能であることを，以下の表2–1で示しています。

表 2-1: 幼児の二語文が示す意味関係

意味関係	例	意味関係	例
属性	big house	再現	more ball
動作主—動作	Daddy hit	不存在	all-gone ball
動作—受動者	hit ball	所有	Daddy chair
動作主—受動者	Daddy ball	実体＋場所	book table
主格	that ball	行動＋場所	go store
指示	there ball		

実は，これと同じような現象が，自然な環境での第二言語習得においても観察されることが分かっています (Hakuta, 1974; Krashen & Scarcella, 1978; Nattinger & DeCarrico, 1992; Weinert, 1995; Wray, 1999, 2000; Wood, 2002, 2015; Okuwaki, 2014 など)。つまり，簡単な内容であれば，文法に従って新しい英文を産出しなくても，単語や定型表現で十分事足りることを示唆しています。さらに，Wong (1987) は，初級段階でなくても，発話のコンテクストがあれば，ほぼ単語だけでコミュニケーションが成立することを以下の会話例で示しています。

(A)	(B)	(C)
Host: Hungry?	Customer: Reservations?	Husband: Ready?
Guest: Starved.	Waiter: How many?	Wife: No.
Host: Apple?	Customer: Five.	Husband: Why?
Guest: Sure?	Waiter: Nonsmoking?	Wife: Problems.
Host: Take it.	Customer: Please.	Husband: Problems?
Guest: Thanks.	Waiter: This way.	Wife: Yes.
		Husband: What?
		Wife: Babysitter.

ほとんど単語一語だけの会話ですが，問題無く，それぞれの会話の流れをご理解いただけると思います。

しかし，少しでも内容のあることを相手に誤解されないように正確に述べようとすると，思いついた単語を思いついた順番に，あるいは日本語の語順に従って口にするだけではその真意は伝わりにくく，最低限英語の仕組みに沿って思いついた単語を並べる必要があります。発話のコンテクストによる助けがない場合 (例えば電話での会話) も同様です。個人的には，外国語学習のそれぞれの段階で学習者が理解し，使える語彙の大きさにふさわしい文法 (West, 1952, p. 29)，その段階での学習者によるコミュニケーションの質と量にふさわしい文法が必要であると考えています。Higgs and Clifford (1982, p. 69) は，文法を含む外国語能力の 5 つの構成要素 (語彙，

1. なぜそもそも入門期から文法指導が必要とされるのか

文法，発音，流暢さ，社会言語的技能）について，学習段階（5段階）ごとの相対的重要性を以下のような図 2-3 で示しています。

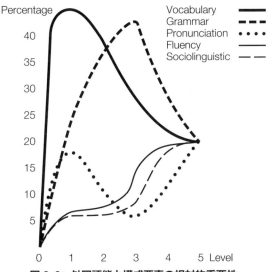

図 2-3：外国語能力構成要素の相対的重要性

Higgs and Clifford (1982) の説明によると，入門期（レベル 1）で最も重要な構成要素は語彙で，文法と理解を妨げないような最低限の正確さを伴う発音がそれに続きます。流暢さと社会言語的要素については，そもそも入門期の外国語学習者には聞き手自身がそれらを期待していないため，相対的重要性は低くなっています。必ずしも実証的データに裏打ちされたモデルではありませんが，入門期でのコミュニケーションにとっても，ある程度の文法が必要であることが示唆されています。しかしながら，入門期に必要とされる文法と言っても，単に量的な問題ではなく，あくまで入門期の学習者には入門期でのコミュニケーションにふさわしい文法が必要です。英文法を網羅した学校文法を少しずつ切り売りして提示するだけでは，ますます文法嫌いを生み出しかねません。学習者のための学習者本位の文法が必要とされているのです。

(4) 現実論の立場から

　母語習得と第二言語習得の基本的同一性を支持する研究報告をもとに明示的文法指導に対して否定的あるいは消極的な立場を取る人々（例えばKrashen, 1982）は，目標言語の文法の内在化は本来学習者に備わっている言語分析能力（analytic capacity）あるいは言語習得装置（Language Acquisition Device＝LAD）に任せるべきであり，外国語教師の中心的役割はその言語分析能力が正常に機能するように，学習者にとって有意味で理解可能なインプット（comprehensible input）を十分に提供することにあると考えています。要するに，外国語も母語の場合と同様，組織的・教育的介入なしに，自然な形で習得されるべきだという主張です。

　しかしながら，日本の学校英語教育を取り巻く様々な教育条件や社会的状況はこの自然主義的アプローチを遂行することを不可能ではないとしても非常に困難にしていると言わざるを得ません。例えば，中学校での英語の学習時間は週に4時間程度で，しかも，教室という極めて人為性の高い学習環境の中で行われます。教室の中には40名程度の学習者，しかも，大概，全員日本語を話し，同じ文化を共有する極めて等質的な学習者が詰め込まれています。英語を使っての自然なコミュニケーション活動に生徒を従事させようとしても，1つの教室に40人もの生徒がいれば，教師がどんなに工夫を凝らしたところで，生徒一人一人に割り当てられるコミュニケーションのための時間はごく限られてきます。加えて，教室から一歩外に足を踏み出せば，そこはもう日本語だけで生活できる世界で，英語を使用しなければならない社会的要請は存在していません。さらに，生徒が使用している教科書は，学習指導要領の制約（特に語彙制限）を受け，語法的にも内容的にも実に貧相と言わざるを得ません。結果的に，生徒に提示される英語のインプットは，自然な環境の中での第二言語としての英語学習の場合と比較して，質的にも量的にも非常に貧弱になっています。参考までに，Krashenたちが提唱しているナチュラル・アプローチに基づいて実施される外国語としての英語教育における最初の授業で学習者に提示されるインプットは以下のようになっています（Krashen, Terrell, Ehrman, & Herzog, 1984, p. 266）。

What is your name? Look at Lisa, class. Lisa has blond hair. Hair, blond hair. Look at my hair. Is my hair blond? No, my hair is brown. Look at my eyes. Are my eyes brown? Are they blue? Yes, I have blue eyes. Does Lisa have blue eyes? Look at Lisa's eyes. Are they blue? Are they brown? OK, what is the name then of the student in this class who has blond hair and brown eyes?

日本の中学校で使用されている中学1年生用教科書の最初のレッスン（本課）で提示される英文は2～3文程度ですが，この中には全部で16文が含まれています。しかも，文の種類で言えば，肯定文，一般疑問文，特殊疑問文，命令文が含まれ，動詞の種類で言えば，Be動詞（is と are）と一般動詞（has と have）が含まれています。人称代名詞も，I, my, your, they など多様な種類が使用されています。このように，上記のインプットの中には，日本の中学生ならば最初の1年間をかけてゆっくり学習する内容に加えて，なんと中学3年生で学ぶことになっている関係代名詞も含まれています。英語学習の最初の時間に提示されるインプットとして，これが日本の中学校での英語学習の場合と比較して，質的にも量的にもいかにかけ離れているかは一目瞭然です。

　要するに，週当たり数時間という限られた学習時間，教室という人為的な学習環境，さらに，学習者に提示されるインプットの貧弱さなど，これらの現実を考慮すれば，とても中学生が英語の授業の中だけで英語の文法規則を無意識のうちに習得するとは期待できません。むしろ，教室という不自然な学習環境の中では，外国語を不自然な形で，つまり，明示的な文法指導を通して教える方が自然なのではないでしょうか。今日，教育の分野では自然であることが無条件に歓迎される傾向にあります。そのせいか，教師が意識的な文法指導などを通して学習者内部で起こっている学習過程に積極的に介入することは否定的に捉えられがちです。しかし，教育とは本来不自然な営みです。さらに，教授法そのものも，Gouin (1892, p. 85) が主張しているように，本来，学習の効率化の追求から生まれた極めて人為的なものなのです。

A method can never, and must never, repeat Nature, or it is no longer a method ... A method cannot be other than artificial, and it is so much the better the more it is artificial, that is, the more it resembles an art, the more it is endowed with the means proper to vanquish Nature itself.

（教授法は，決して自然を再現することはできず，またそうしてはなりません。さもないと，それはもはや教授法とは言えません。教授法は人工的でしか存在しえないものであり，人工的であればあるほどよりよいものとなるのです。つまり，技術に似ていればいるほど，その教授法は自然それ自身を抑制するのに適切な手段を賦与されていることになるのです）

なるほど，母語習得では，母親というすばらしい教師がいて，学習自体も自然な形で進行します。しかし，母語習得には，中学校での英語の授業とは比べものにならないほどの時間と労力が費やされていることも忘れてはなりません。とにかく，自然体は手間暇がかかるのです。中学校での英語授業のように時間的にも教育資源の面でも限られた教育活動のなかでたやすく実現できるようなものでは決してありません。この点，"The impossibility of recreating natural language conditions in the classroom means that any claims to success by naturalistic methods should be viewed with great caution."つまり「教室の中に自然な言語環境を再現することが不可能であるということを考えれば，自然な方法で成功を収めることができるといういかなる主張も，最大限疑ってかかるべきです」という警告とともに，教室の中に自然な学習環境を作り出すことの可能性を否定した上で，安易な自然信奉を戒めているHammerly (1985, p. 15) に共感を覚えます。入門期といえども，ある程度の効率化は避けられない，というよりそれが必要であると考えられます。

　要するに，文法指導は，英語学習の効率化を図るための重要な手段なのです。かつ，限られた学習条件のもとでは，子どもより大人の方が学習の進度がはやいという研究成果も報告されています (R. Ellis, 2008)。文法指導の是非を考える場合，日本の学校英語教育を取り巻く現実を直視し，それを受け入れ，その中で最大限の効果を生みだすための方策を真摯に考え

る必要があると思います。文法指導がそのための重要な手段であることは間違いありません。

(5) まとめ

　以上，日本の学校英語教育のような外国語としての英語教育では，入門期においても，文法指導を実施することが望ましい理由を，言語本質論，学習者論，コミュニケーション能力論，現実論という4つの立場から述べてきました。ただ，その場合の文法は，複雑な文法規則で構成されたいわゆる学校英文法ではありません。あくまで，入門期の学習者にふさわしい文法，彼らの英語学習を支援する文法でなければなりません。多くの中学校1年生が，いわゆる三単現のsが導入される2学期（2学期制の場合は1学期の終わり頃）から急速に英語が分からなくなると言われています。英語を学ぶ以上，どうしても通り抜けなければならない関門かもしれませんが，工夫次第でそのハードルも低くなる可能性もあります。極めて大雑把に言えば，文法はパターンとルールで構成されているとも言われます（D. Willis, 2003）。入門期では，ルールよりもパターンに指導の力点を置く方が効果的ではないかと考えています。つまり，文法規則よりも文型に焦点を当てた指導が望ましいのではないかと考えています。その理由を，次節以降で詳しく紹介します。

2. なぜ文型に注目するのか

　上で述べましたが，入門期での文法指導は文型を中核とすべきというのが持論です。その理由をこれから明らかにしていきますが，まずは高校でよく見かける生徒について考えてみましょう。その生徒は，中学校までは英語の成績優秀で，中間・期末の定期テストではいつも80点以上を取っていました。しかし，高校入学後の最初の中間テストで思ったほど点数が伸びませんでした。試験範囲の英文を覚えるのが不十分だったと反省し，期末テストにむけてそれまで以上に教科書の英文をしっかり覚えようと努

力しました。しかし，残念ながら，期末テストでは中間テストよりもさらに点数が伸びませんでした。その結果を受けて，その生徒は次のような結論に至ります。中学校ではいつも 80 点以上が取れていた。それは，中学校の先生の教え方が上手だったからだ。それに反し，高校の先生は教え方がまずい。この結論から，英語担当教師に対する不信感が沸いてきます。困ったもので，先生が嫌いになると，英語まで嫌いになってしまいます。英語が嫌いになると，英語だけでなく，勉強そのものが嫌いになってしまいます。中学校の時に感じていた自己効力感・優越感は見事に打ち砕かれ，高校での成績はますます下降していきます。

　このような生徒は，大概，中学校の時に英語教科書の英文をとにかく丸覚えするという学習方法を取っています。言語材料が限られている中学校の段階では，英文の丸覚えもそれほど難しくはなく，かつ，中間・期末の定期テストでも試験範囲の英文をしっかり覚えていれば，かなりの点数が取れます。しかし，高校での英語授業では中学校までの暗記中心の学習方略がそれほど功を奏しません。各レッスンに含まれる英文の数も格段に増加し，そもそも覚えること自体が難しくなります。高校での英語授業では，覚えることよりも，英語の仕組みを理解することに指導の力点が置かれ，定期テストもその英語の仕組みの理解度を評価する形に変わっていきます。中学校で英語が得意だった生徒が高校で急に英語が苦手になるのは，主にそこに原因があります。

　実は，暗記で英語を学習してきたこのような生徒だけを責めるわけにはいきません。中学校で使用されている英語教科書それ自体も，暗記学習を誘発する形になっているのです。現在の中学校用英語教科書は，いずれも会話中心で，その影響で，読むことに特化したレッスンを除き，各レッスンに含まれる英文も比較的短くなっています。名詞や動詞のような内容語 (content words) の意味さえつかんでおけば，文中の単語の背後にある文法的な関係性に思いをはせなくても，その英文の意味はほぼ理解できます。つまり，それほど明示的な文法指導が必要とされなくなっているのです。各レッスンに含まれる個々の英文の和訳も必要ありません。よって，英語の仕組みを理解することよりも英文の暗記に走る生徒を単純に責めること

はできません。

　このように，中学生による英語の学習が，大概，暗記中心で，文中の単語の背後にある文法的な関係性に思いをはせない学習方略の弊害として，応用力が育たないことが容易に想定されます。同じ文法的関係性，より簡潔に言えば，同じ文型に属する英文でも使用されている単語が少しでも異なるだけで，まったく違った英文と思ってしまうのです。この暗記中心の学習方略の弊害を明らかにするために，以前調査を実施したことがあります (伊東, 1999b)。中学校 1 年生 (180 名) を対象に，次のような部分和文英訳の問題を提示しました。与えられた日本語文に合致するように，主語と述語動詞の部分だけを解答欄に書き込む問題です。

　問題例：フレッドはカナダ出身ですか。
　解答例：<u>Is Fred from Canada?</u>

実施時期は夏休み明けの 9 月です。問題文は，以下に示すように，全部で 20 問ですが，そのうちの 10 問は，教科書に出現している英文がそのまま正解となるもので，残りの 10 問はその応用形，つまり最初の 10 問とそれぞれ同じ文型に属しており，かつ，使われる英語の語彙は既習ですが，そのコロケーションでは使われていないものが正解となるものです。前者の 10 問を基本問題，後者の 10 問を応用問題と位置付けました。

　基本問題：① (This is) Japan.
　　　　　　② (This is not my) book.
　　　　　　③ (I like) music.
　　　　　　④ (Is that your) school?
　　　　　　⑤ (Paulo is from) Brazil.
　　　　　　⑥ (Do you like) milk?
　　　　　　⑦ (That is not a) factory.
　　　　　　⑧ (I don't like) tennis.
　　　　　　⑨ (Is Fred from) Canada?
　　　　　　⑩ (Do you speak) Japanese?

第2章 なぜ入門期から文型指導

応用問題： ⑪ (This big country is) Canada.
⑫ (Tom is not my) friend.
⑬ (We like our new) English teacher.
⑭ (Is Ms. Brown your) music teacher?
⑮ (Our new English teacher is from) England.
⑯ (Do you like this) Canadian flag?
⑰ (Ms. Robinson is not a) music teacher.
⑱ (I don't speak) English in Brazil.
⑲ (Is your new English teacher from) Canada?
⑳ (Do you know our) music teacher?

基本問題と応用問題はそれぞれセットになっており，例えば，基本問題 ⑨

表2-2：中学校1学期復習テスト結果（①～⑩が基本問題，⑪～⑳が応用問題）

No.	問題文	全体(180) n	%	上位(60) n	%	中位(60) n	%	下位(60) n	%
①	This is Japan.	179	99.4	60	100.0	60	100.0	59	98.3
⑪	This big country is Canada.	77	42.8	46	76.7	20	33.3	11	18.3
②	This is not my book.	138	76.7	58	96.7	44	73.3	36	60.0
⑫	Tom is not my friend.	112	62.2	52	86.7	36	60.0	24	40.0
③	I like music.	179	99.4	60	100.0	59	98.3	60	100.0
⑬	We like our new English teacher.	99	55.0	48	80.0	33	55.0	18	30.0
④	Is that your school?	141	78.3	57	95.0	50	83.3	34	56.7
⑭	Is Ms. Brown your music teacher?	90	50.0	48	80.0	27	45.0	15	25.0
⑤	Paulo is from Brazil.	129	71.7	53	88.3	39	65.0	37	61.7
⑮	Our new English teacher is from England.	43	23.9	25	41.7	9	15.0	9	15.0
⑥	Do you like milk?	162	90.0	57	95.0	56	93.3	49	81.7
⑯	Do you like this Canadian flag?	142	78.9	57	95.0	47	78.3	38	63.3
⑦	That is not a factory.	138	76.7	56	93.3	45	75.0	37	61.7
⑰	Ms. Robinson is not a music teacher.	97	53.9	48	80.0	28	46.7	21	35.0
⑧	I don't like tennis.	171	95.0	60	100.0	58	96.7	53	88.3
⑱	I don't speak English in Brazil.	133	73.9	57	95.0	45	75.0	31	51.7
⑨	Is Fred from Canada?	107	59.4	51	85.0	35	58.3	21	35.0
⑲	Is your new English teacher from Canada?	47	26.1	30	50.0	15	25.0	2	3.3
⑩	Do you speak Japanese?	146	81.1	54	90.0	53	88.3	39	65.0
⑳	Do you know our music teacher?	149	82.8	58	96.7	53	88.3	38	63.3

と応用問題 ⑲ は同じ文型に属しています。

基本問題 ⑨：Is Fred from Canada?
応用問題 ⑲：Is your new English teacher from Canada?

応用問題で使用される単語はすべて既習なので，もし文型がきちんと理解されていれば，基本問題も応用問題も同じような正解率になることが予想されるところですが，問題文 20 問の学習集団（全体・上位群・中位群・下位群）ごとの正解率は前ページの表 2–2 のようになりました。

次の表 2–3 と図 2–4 は，上記の表 2–2 に示されているデータを問題別，グループ別に集約したものです。予想通り，上位群から下位群になるにつれて，正解率が下降しています。また，上位群も中位群も下位群も，ごく

表 2-3: 問題別・グループ別の正解率 (%)

問題	全体	上位	中位	下位
基本	82.8	94.3	83.2	70.8
応用	54.9	78.2	52.2	34.5

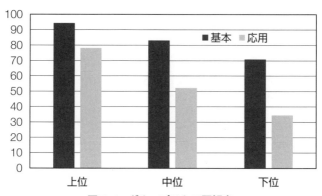

図 2-4: グループごとの正解率

第2章 なぜ入門期から文型指導

当然のことながら，基本問題の方の正解率が高くなっています。ある程度想定内の結果でしたが，特に注目に値するのは，基本問題と応用問題の正解率の差が，上位群から下位群になるにつれて拡大している点です。上位群の中には基本問題も応用問題も正解であった生徒がかなりの数にのぼりましたが，下位群の中では基本問題にはなんとか正解が出せたが，応用問題では不正解だった生徒がかなりの数になりました。次の表2–4に示されている結果から特に注目すべき点を詳しく見てみましょう。

表2–4: グループ別正解率 (%)

No.	問題文	上位	中位	下位
①	This is Japan.	100.0	100.0	98.3
⑪	This big country is Canada.	76.7	33.3	18.3
⑤	Paulo is from Brazil.	88.3	65.0	61.7
⑮	Our new English teacher is from England.	41.7	15.0	15.0
④	Is that your school?	95.0	83.3	56.7
⑭	Is Ms. Brown your music teacher?	80.0	45.0	25.0
⑨	Is Fred from Canada?	85.0	58.3	35.0
⑲	Is your new English teacher from Canada?	50.0	25.0	3.3

最初の4問は肯定文が，次の4問は疑問文が正解となっています。肯定文の結果を見てみると，主語に相当する部分が1語から3〜4語に拡大すると，文型は同じでも部分和文英訳の正解率が極端に下がり，かつ，その下がり方が下位群になるにつれて拡大しています。同じ傾向が，後半の4問の疑問文についても言えます。特にNo. 19の場合，上位群，中位群の中にもBe動詞が次のyourに引きずられてareになっているケースが数多く見られました。さらに，肯定文の結果と疑問文の結果を比較すると，中学1年生には，肯定文で理解していることが疑問文に転移できないことが見てとれます。

これらの結果から言えることは，受容と運用の差もさることながら，中学生の間では表面的な単語の繋がりの背後に存在している文型が十分に理

解できていないということです。基本問題の正解率が比較的高いのは、おそらく、それらが教科書の中でそのままの形で使用されているためで、そのまま丸覚えしていた生徒達もかなりの数いたことが容易に想像できます。中学校の先生方の中には、英語が苦手な生徒には文法や文型は、本来楽しくあるべき英語の学習をことさら難しくしてしまうので、不要であり、まずは英文を暗記することが先決であると考えたり、暗記がもっとも簡単な学習法であり、英語が苦手な生徒にとっては一番やさしい学習法であると考えておられる先生が数多く存在しているのではないかと想像しています。なるほど、高校入試を考えれば、暗記中心でもある程度の点数は取れると思います。特に、域内で使用されている中学校用教科書の種類が限定されている場合はそうです。しかし、暗記を中心とした学習法は、実のところ、英語が苦手な生徒にとってやさしくない学習法です。むしろ、逆説的に言えば、英語が得意な生徒にとってやさしい学習法であるとも言えます。なぜなら、英語が得意な生徒は暗記中心の学習の中で文型を自分自身で把握してしまうからです。暗記中心で学習し、文型がきちんと理解できていない生徒は、高等学校に入ってから、大きなつけを支払わされるのです。中学校の段階から英語を苦手とする生徒にとっても、いや英語を苦手とする生徒だからこそ、文型をきちんと指導する必要性がそこに存在しています。

　以上、文型理解がおろそかになった場合の問題点を説明してきました。どちらかと言えば、ネガティブな観点から文型に着目してきました。もちろん、ポジティブな観点から文型に着目することも可能です。そこで、次節では文型に着目する教育的価値を説明していきます。

3. 文型の教育的価値

(1) 文型の中に基本的関係概念が集約されている

　既に述べたように、本書では、言語の本質を関係概念の体系として捉えます。しかも、この体系は一元的ではなく多元的で、複数の体系が縦横に

絡み合い，なおかつ，1つのまとまりを形成しているのです。まさに "a system of systems" (Breen, Candlin, & Waters, 1979, p. 2) つまり「体系の体系」として存在しているのです。このように極めて複雑な体系をなしている関係概念を，そのまま英語の学習を開始したばかりの学習者に提示しても理解してもらえません。日本の中学校における外国語としての英語教育においては，この複雑な関係概念の集合体の中のいかなる関係が学習の対象になるのでしょうか。近代言語学の祖として仰がれるソシュール (1940, 1972) 及びソシュール研究の第一人者であった丸山 (1975; 1981; 1985) によれば，言語には，範列関係と連辞関係という2つの基本的な関係が含まれています。例えば，"Mike likes tennis." という英文を例に取れば，次の図2–5 が示すように，tennis という単語は，baseball や soccer など他のスポーツの名称を表す単語や science や music のような教科名を示す単語などと置き換え可能です。この場合，tennis は，baseball や soccer と範列関係 (paradigmatic relation) を構成していることになります。一方，Mike, likes, tennis の3語は，でたらめに並んでいるわけではありません。並び方に，重要な意味が付与されています。この場合，Mike, likes, tennis の3語は連辞関係 (syntagmatic relation) を構成していることになります。この範列関係を英文の縦軸，そして連辞関係をその横軸として理解することも可能です[2]。

```
Mike    likes    tennis      横軸（連辞関係）
                 baseball
                 soccer
                 science
                 music
        縦軸（範列関係）
```

図 2–5：英語の横軸と縦軸

"Mike likes tennis." という英文に込められた英語の仕組みを正しく理解するためには，縦軸の範列関係においては，置き換え可能な語句で構成され

3. 文型の教育的価値

る言葉の範疇（category）が，横軸の連辞関係においては，文中に含まれる語句の並び方（sequence）が鍵となります。加えて，範列関係は，上の英文で言えば，tennis という1つの単語によって示唆されているだけで，それ以外の単語は表面には出てきません。その意味で潜在的な関係だと言えます。一方，Mike と likes と tennis という3つの単語で表象されている連辞関係は顕在的で，耳や目で確認できます。言語運用能力との関係で言えば，範列関係（縦軸）は英単語の選択能力に関わり，連辞関係（横軸）は英単語の整列能力に関わっているとも言えます。この選択能力と整列能力が，言わば英語の基礎学力を形成していると言っても決して過言ではありません。

範列関係にしろ，連辞関係にしろ，具体的な英文（例えば"Mike likes tennis."）の中に位置付けられると，関係という言葉が示しているように，英語特有の制約なり制限を伴うことになります。そして，これらの制約なり制限を，述語動詞を中心に集約し，類型化したのが，本書のメインテーマとなっている「文型」なのです。文型の定義には後で詳しく触れることとして，この段階では，文型が言わば基本的関係概念の束として機能しており，たとえ入門期といえども，基本的で重要な学習材を形成していると考えることにします。そこに文型の教育的価値を認めることができます。

子どもは生まれつき自身に備わっている言語習得装置（Language Acquisition Device）あるいは普遍文法（Universal Grammar）の働きで言語を獲得していくものであるとするチョムスキーの言語習得論のアンチテーゼとして位置付けられている用法基盤（usage-based）理論では，下の Tomasello（2003, p. 6）からの引用が示すように，子どもは自分の周りでやり取りされているコミュニケーションの背後にある意図（intention）を読み取り，用法の中に存在するパターンを見つけることで言語を獲得していくと考えられています。

All constructions may be acquired with the same basic set of acquisitional processes—namely, those falling under the general headings of intention-reading and pattern-finding.

第2章 なぜ入門期から文型指導

(すべての構文はおそらく一連の同じ基本的習得過程でもって習得されます。つまり，意図を読むこととパターンを認識することという一般的な名称で表現される習得過程です)

この中には，言語習得において，基本的関係概念が集約されている文型が重要な役割を担っていることが示唆されています。ただ，日本の学校英語教育のように，様々な制約に縛られている外国語としての英語教育では，生徒達が自らの手で文型を見つけていくのを待っているわけにはいきません。教師の側からの何らかの手助けが必要になってくるのは必至です。その1つが，文型の「見える化」です。しかも，学習者のレベルに合致した形での「見える化」を心がける必要があります。その点は後で詳しく述べます。

(2) 文型は入門期での学習方略に適合している

本章の第1節でも紹介しましたが，学習者の年齢（知的発達段階）と学習方略の関係を説明したアンダーソン（Andersson, 1969）によれば，年齢が高まるにつれて条件的学習（conditional learning）への依存度が低下する一方で，概念的学習（conceptual learning）への依存度は上昇すると言われています。今となっては，古典的理論の部類に属する考え方ではありますが，今日，小学生や中学生を実際に指導されている先生方の経験知に合致しているのではないでしょうか。以下の図2-6は，アンダーソンによって示されたオ

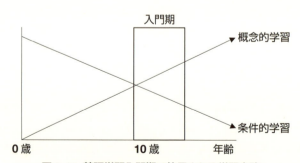

図2-6: 英語学習入門期で使用される学習方略

リジナルの図に，英語学習入門期（小学校高学年から中学1年次を想定）の枠をはめ込んだものです。

この図2–6から，英語学習入門期の学習者は，依存度が低くなったとは言え，まだまだ暗記を中心とした条件的学習への依存度が高く，かつ，関係性の理解を中心とした概念的学習への依存度も増大しており，結果的に，この性質の異なる2つの学習方略が使用可能であることが分かります。言わば，両者が相補的関係にあるとも言えると思います。

思い込みや限られた経験のみに裏付けられた文法指導ではなく，第二言語習得研究の理論や成果に裏付けられた文法指導の必要性を力説しているCelce-Murcia (1985) も，英語の学習には全体的学習 (holistic learning) と分析的学習 (analytic learning) という性質を全く異にする2種類の学習方略が使用可能であると主張しています。前者は学習の対象となっている英文を分解せず，そのまま丸ごと理解しようとする学習方略で，アンダーソンの条件的学習に相当します。一方，分析的学習は，対象となっている英文をその構成単位に分解してから理解しようとする学習方略で，アンダーソンの概念的学習に相当します。

同様に，クラッテンデン (Cruttenden, 1981) は，言語の学習にはアイテム・ラーニング (item-learning) とシステム・ラーニング (system-learning) の2つの異なった性格の学習形態が存在していると主張しています。前者は，アンダーソンの条件的学習とCelce-Murciaの全体的学習に相当すると考えられますが，言語表現をそのまま丸ごと1つの項目として特定の指示物と結びつけて理解しようとする学習形態です。一方，後者はアンダーソンの概念的学習とCelce-Murciaの分析的学習に相当すると考えられますが，言語表現を複数の要素で構築されたものとして捉え，それらの背後に潜む関係性を理解しようとする学習形態です。この2種類の学習形態の存在を指摘した上で，クラッテンデンは，アイテム・ラーニングはシステム・ラーニングの前段階を構成すると主張しています。

筆者は，早くからこのクラッテンデンの理論に着目し，アイテム・ラーニングを，英語表現の丸暗記を中心とした「連合学習」として，システム・ラーニングを英語表現内部の関係性の理解を中心とした「関係学習」

第2章 なぜ入門期から文型指導

として解釈し，基本的に前者の連合学習を「覚える学習」，後者の関係学習を「分かる学習」として区別してきました。連合学習と関係学習の関係を分かりやすく説明すると，以下の図2-7のようになります。

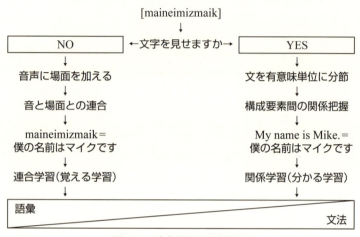

図2-7：連合学習と関係学習

英語を全く知らない子どもにとっては，［maineimizmaik］という音声は1つの単語として機能します。この音声に対応する文字を学習者に見せるかどうかによって学習形態が大きく異なってきます。仮に文字を見せないことにしましょう。学習者にその音声の意味を理解してもらうためには，その音声が発せられる場面を付け加えます。学習者は，［maineimizmaik］という音声と場面を連合させることになります。その音声を発している人がマイクさんであることは事前に分かっているので，マイクさんがしきりに［maineimizmaik］と言っているのを聞いて，［maineimizmaik］に「僕の名前はマイクです」という意味を付与します。そこには，［maineimizmaik］=「僕の名前はマイクです」という具合に，1つのアイテム（項目）に1つの意味を結びつける学習が成立します。

一方，［maineimizmaik］という音声にそれに対応している文字を示すことにします。文字が示されると，初めて［maineimizmaik］はMy name is

Mike. のように，構成要素に分割されて，実は4つの単語で構成されていることが理解されます。学習者はこの4つの単語の意味から，この文が意味しているところを理解し，かつ，構成要素間の関係を自分なりに把握します。その結果，My name is Mike. =「僕の名前はマイクです」という関係性を理解します。日本語はよくできていて，「分かる」ためには「分ける」必要があるのです。第4章で取り上げるチャンク理論の提唱者とも言える Miller（1962, p. 751）も，文理解の前提条件について，"We cannot understand a sentence until we are able to assign a constituent structure to it." つまり「文を理解するためにはそれを構成要素に分けなければならない」と述べています。クラッテンデン自身も，システム・ラーニングは "segmentation and subsequent substitution"（1981, p. 79），つまり「構成要素への分節と置き換え」を伴う学習であるとし，対象を分けてから分かる道筋を示しています。

さて，クラッテンデンは，言語の学習はアイテム・ラーニング（連合学習）の段階からシステム・ラーニング（関係学習）の段階へと移行すると述べていますが，アイテム・ラーニングが，学習が進むにつれて不必要になるわけではありません。学習が進むにつれて，アイテム・ラーニングが完全にシステム・ラーニングに取って代わられるということではないのです。つまり，学習が進んでも，この2つの学習形態は学習対象を変えながら，存在し続けます。上の図2-7が示すように，アイテム・ラーニング（連合学習）はもっぱら語彙の学習に向いており，システム・ラーニング（関係学習）はもっぱら文法の学習に向いています。かといって，語彙が100％連合学習によって学ばれるわけではなく，文法も100％関係学習によって学ばれるわけではありません。語彙の中にも関係学習の対象となる文法性が存在していることが明らかにされてきており（N. Ellis, 2003; Hoey, 2005, Hudson, 2010），本来文法を内在化している英文も，昨今の定型表現（formulaic language）に関する研究が明らかにしてきたように，語彙のように連合学習の形態で学ばれることが分かっています（Wray, 2002; Wood, 2015）。

本書が対象としている文型は，次の図2-8が示しているように，言わば語彙と文法の中間に位置しています。つまり，文型には語彙的側面と文法

第2章 なぜ入門期から文型指導

的側面の両方が備わっているのです。

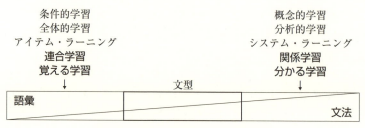

図 2-8: 文型の学習を支える学習方略

　この図 2-8 が示しているように，語彙はもっぱら連合学習（覚える学習）の守備範囲で，文法は関係学習（分かる学習）の守備範囲です。文型に語彙的側面と文法的側面が併存しているということは，文型は，連合学習によっても学習可能であり，関係学習でも学習可能であることを示唆しています。アンダーソンの理論が示唆しているように，入門期の学習者は，もともと条件的学習つまり連合学習にも依存するだけでなく，概念的学習つまり関係学習にも依存することが分かっています。ということは，語彙的側面と文法的側面を併せ持つ文型は，連合学習と関係学習の両方への依存度が高い入門期の学習者に最適であることを示しています。

　言うまでもなく，文型とは，文全体の形を示したものであり，全体的学習（ということは連合学習）に向いています。文型の中のスロット（語句が置き換えられる部分つまり変数）に当たる部分以外は，暗記の対象でもあり，連合学習の守備範囲となります。一方，文型の中のスロット（変数）には，ある条件をクリアーした項目が入ることが想定されており，前後の関係性を考慮し，なぜそうなるかを分かる必要があります。つまり，関係学習の守備範囲と考えられます。このように考えてくると，文型は入門期の学習者が使用する学習方略に適合していると言えます。入門期において，文型に注目する理由がそこにあります。

(3) 文型が関係学習を促進する

　本書のテーマである文法学習・文型学習の観点からすれば，言語の学習はアイテム・ラーニングからシステム・ラーニングに移行するとしたクラッテンデンの主張は重要な意味をもっています。チョムスキーによれば，子どもは母親からのインプットに晒される中で，その中の規則性に気付き，仮説の設定，検証を経ながら，対象言語の規則を自分の中で確立していくことになっています。チョムスキーにとっては，言葉はあくまで「規則に支配された」ものであり，その規則が100％の言語的創造性を担保してくれます。つまり，子どもでも規則に従えば，それまで一度も聞いたことのないまったく新しい英文を産出できるのです。それを可能にしているのが，子どもの中に生まれつき備わっている言語習得装置（Language Acquisition Device＝LAD）であり，後にはそれが普遍文法（Universal Grammar）に置き換えられていきました。しかし，チョムスキーの理論に必ずしも与しない言語習得研究者によって，言語の獲得は子ども達の内部に生得的に備わっている普遍文法で可能になるのではなく，最初は子ども達が耳にする様々な表現を分解せずに語彙項目のようにそのままの形，つまり定型表現として取り入れ，運用しながら，徐々にそれらを分節していき，システム・ラーニングの対象にすることが明らかにされてきました（例えばHakuta, 1974, 1976）。

　その結果，既に紹介したように，定型表現（formulaic language）に関する研究がここ数年精力的に推し進められてきました（Nattinger & DeCarrico, 1992; Weinert, 1995; Wray, 2002; N. Ellis, 2003, 2012; Wood, 2015; Rafieya, 2018など）。この定型表現に関する研究は，言語構造は普遍文法からではなく言語使用から生まれてくると主張する用法基盤理論（Tomasello, 2003, p. 5）によっても支持され，一段と勢いを増すことになったのです。日本では，CEFR（Common European Framework for Reference）つまり「ヨーロッパ言語共通参照枠」（Council of Europe, 2001）で示されている外国語能力レベル（A1からC2までの6段階）が外国語能力の標準的な指標として年々注目度を高めていますが，最近その増補版（Council of Europe, 2018）が発表されました[3]。その中で，従来のA1レベル（最も下のレベル）の下にPre-A1レベルが設定

され、そのレベルは "a band of proficiency at which the learner has not yet acquired a generative capacity, but relies upon a repertoire of words and formulaic expressions" (p. 46) つまり「学習者が生成的な能力をいまだ獲得できておらず、一連の単語や定型表現に頼っている能力段階」と記述されており、入門期での定型表現の重要性が謳われています。

定型表現は、prefabricated routines and patterns (Hakuta, 1974)、conventionalized language forms (Yorio, 1980)、formulaic language (Weinert, 1995; Myles, Hooper, & Mitchell, 1998; Wray, 2002; N. Ellis, 2012; Wood, 2015)、lexical phrases (Nattinger & DeCarrico, 1992; D. Willis, 2003) など様々な名称で呼ばれていますが[4]、実態としてはすべて "a segment of language made up of several morphemes or words which are learned together and used as if they were a single item" (Richards, Platt, & Platt, 1992, p. 319)、つまり「複数の形態素や単語で構成されているが、まるで1つの項目であるかのように学ばれ使用されることばの分節」を指しています。また、種類としては、次のようなタイプが一般的に認められています (Nattinger & DeCarrico, 1992, pp. 38–45)。

① Polywords（複数の単語で構成されているが、1つの単語として機能）
in a nutshell / by the way/ at any rate/ so long/ for that matter / so to speak
② Institutionalized expressions（日常生活の中で頻繁に使用される表現）
How do you do?/ Nice meeting you./ Have a nice day./ Long time no see
③ Phrasal constraints（フレーズの枠組み）
a ago (a year ago)/good (good morning)/ as far as (as far as I know)
④ Sentence builders（文を作っていく時の基盤）
I think that X/ not only X, but also Y/ let me start with X/ it seems to me that X

当初は、主に英語母語話者の間での使用実態を明らかにすることに研究

の主眼が置かれていましたが (例えば Lyons, 1969; Sinclair, 1991)，非英語母語話者や第二言語学習者も母語話者と同じぐらい，場合によってははるかに高い頻度で定型表現を使っていることが明らかにされ (De Cock, 1998)，第二言語教育においても積極的に定型表現を指導していくべきだという考え方が大きな流れとなってきました (Lewis, 1993; Wray, 2000; Lindstromberg & Boers, 2008; Wood, 2015; Jones, 2015)。

定型表現に関する研究の成果は，入門期での英語学習の在り方を考える上で重要な視点を提供してくれますが，ただ，本書の関心はもっぱら定型表現の後の段階です。第二言語習得において，定型表現が徐々に分節されて，最終的には学習者の中間言語の中に取り入れられていくことは分かっています。そのプロセスが問題なのです。この点に関しては，R. Ellis (1985, p. 63) が貴重な示唆を与えてくれています。R. Ellis は，第二言語学習者が定型表現をもとに自身の中に独自の文法体系を有する中間言語を構築していくまでに，次の図2–9が示しているように，4つの段階が存在していると主張しています。

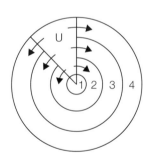

U=定型表現 (unanalysed units)
1=不変の語順
2=変化する語順
3=形態素の発達
4=複雑な文構造

図 2–9：第二言語学習における定型表現の役割

言語学習はアイテム・ラーニングからシステム・ラーニングへと移行するというクラッテンデンの主張や，この R. Ellis の段階説を参考に，筆者は英語学習の段階を次ページの表2–5のように設定しています。

各段階での英文理解の形態として示されているものは，あくまで一例として考えてください。さて，この表での定文とは基本的に定型表現のこと

第 2 章　なぜ入門期から文型指導

表 2-5: 英語の学習段階

段階	英文理解の形態	学習方略
定文	Mike likes baseball.	連合学習
↓	Mike likes tennis.	
文型	Mike likes N.	
↓	N likes N.	
構造	N + V + N.	
↓	S + V + O.	
規則	S → NP + VP / VP → V + NP / NP → D + N	関係学習

*S=文，N=名詞，V=動詞，O=目的語，NP=名詞句，VP=動詞句，D=決定詞。

で，英語学習の出発点となります。小学校での英語学習，特に外国語活動においては定文の学習が中心になると思います。上で紹介した Nattinger and DeCarrico (1992) の分類では，英文でも日常頻繁に使用される挨拶表現 (例えば "Have a nice day.") などが定型表現として扱われていますが，外国語としての英語学習では，"I like English." や "I get up at seven." のような英文も定型表現として考えてもよいと思います (D. Willis, 2003)。

　実際の外国語活動の授業でこのような定文が提示される場合，文字は一般的に使用されないため，[ailaikíŋgliʃ] や [aigetʌpətsevn] のように，単語に分節されずに 1 つの音の塊として提示されます。子ども達は，おそらく先生から示される絵カードを見ながらこの音の塊を聞いて大体の意味を把握します。様々な定文に接する中で，徐々にそれらの定文に自己流の音声と機能を付与して初歩的なコミュニケーションを図ることになります。例えば，上で紹介した "My name is Mike." を例に取れば，子ども達には My name is の部分が自分達に馴染みのある音の連続である「マヨネーズ」に聞こえてしまう場合もあるようで，その場合は "My name is Mike." が「マヨネーズマイク」となり，自己紹介の場面では「マイク」が自身の名前，例えば「ハルミ」に変えられ，自己紹介に使う表現として使用され，教室内でのコミュニケーションを推進する役目を果たすことになります。もち

ろん，定型表現は第二言語学習者によって最初の段階で頻繁に使用されるけれども，言語習得には繋がらないという主張も存在していますが (例えば Krashen & Scarcella, 1978)，定型表現は学習者によって徐々に分節され，文の中の関係性が認知され，規則に基づく言語の創造的使用を可能にする中間言語へと発展していくという主張が主流となっています (Gutschow, 1978; Myles et al., 1998; R. Ellis, 2005)。本書でもその立場をとります。

ただ，定文（定型表現）から一気に規則に飛んでいくわけではありません。その間に文型が介在してくるのです。一般に，学習は，混沌とした対象の中に規則性を発見することから始まると言われています。言語現象の規則性を表現することばとして，文型（パターン）と規則（ルール）がよく使われます。同じ言語現象でも，構造言語学の場合のようにパターンとして表現することもできれば，変形文法の場合のようにルールとして表現することも可能です。違いは，ルールの方がより抽象度が高いという点です。そこに，構造言語学と変形文法の根本的な違いが反映されていると理解することも可能です。つまり，パターンもルールもともに，言語の規則性の科学的記述を目指していますが，後者の場合の方がより抽象度の高い記述として用いられる傾向にあるのです。

その点はともかくとして，文型（パターン）にしろ，文法規則（ルール）にしろ，どちらも規則性を包含するという性格上，言語の使用を制限する働きとともに，言語の学習を促進するという働きも有しています。問題は，言語の学習を促進する上で，どちらの方がより効果的であるかということです。この問題は一概に答えられません。おそらく学習者の知的成熟度に応じて答も変化してくるものと想定できますが，一般的に言って，入門期においては比較的抽象度の低い文型（パターン）の方が有効だと思われます (伊東，1993; 伊東，1995)。これは，主に，中学校教師時代の私の個人的経験に基づいての判断ですが (伊東，1987)，第二言語習得研究の分野においても，学習当初は対象言語の文型的理解が重要な役割を演じていることが報告されており (R. Ellis, 1985)，N. Ellis (2003, p. 68) も "a developmental sequence from formula, through low-scope pattern, to construction" つまり「定型表現から低次の文型，そして構造へという発達論的道筋」を示し

第 2 章　なぜ入門期から文型指導

ています。

　上記の表 2–5 はそのプロセスを表の形にまとめたものです。インプットをそのまま定文（定型表現）として把握する段階から，その中の一部が置き換え可能であることを理解し，文型の概念に至ります。さらに，文の中の主たる構成要素に文法機能を付与することによって，構造の概念に至ります。そして，最後には，この構造が規則として体系化され，自身の中間言語へと発展していきます。しかし，ここでもっとも強調しておきたいのは，文型が連合学習から関係学習への移行を仲立ちする働きを担っているということです。つまり，文型が関係学習を促進するのです。

　ただ，上の表 2–5 では文型と構造が区別され，構造が文型の次の段階として位置付けられています。文型は「Mike likes N」あるいは「N likes N」として，構造は「N + V + N」あるいは「S + V + O」として，その段階での英文理解の形態が示されていますが，文型と構造の間には大きな段差があります。英語学習において無視できない段差だと考えています。文部科学省は 2008 年 3 月告示の中学校学習指導要領（文部科学省, 2008c）から従来の「文型」に代わって「文構造」という用語を使っていますが，本書では文型と構造は根本的に性質を異にするものとして位置付けています。英文理解の形態に見られるように，文型の段階では「N likes N」のように，まだ具体的な英語の単語が文型の中に使用されています。一方，構造においては「S + V + O」のように，すべて記号となっており，一段と抽象度が高くなっています。従来，伝統的な 5 文型（本書では構造として位置付けられています）が中学校においてはそのままの形では指導されてこなかったのは言わば当然かもしれません。しかし，すべて記号で表記される構造ではなく，一部具体的な英語の単語が使われている文型であれば，十分，中学校，それも入門期の段階からでも指導できると考えています。

　本書のように，文型（pattern）と構造（structure）を区別する考えは，Gutschow（1978, p. 55）によっても提示されています。

Structure, then, is to be understood as being the sum of grammatical relationships within a sentence, or utterance, which distinguish it from other types of construction. A detailed grammatical description of this kind would clearly overtax the learner's resources. He is in need of a less complex representation that is limited to the essentials—the *pattern* of the sentence.

> （ゆえに構造は，文あるいは発話の中に存在する文法的関係の集まりとして理解されるべきであり，この文法的関係が構造を他の種類の構文と分かつものなのです。この種の詳細な文法的記述は明らかに学習者の能力を超えています。学習者は，必要最小限なものに限定されたより簡素な記述，つまり文のパターンを必要としています）

Gutschow は，自らこの構造とパターンの区別は言語学者には受け入れられないが，教師の意図や学習者のニーズには的確に答えるものであると述べていますが，全く同感です。

　表 2–5 に示されている英語の学習段階のうち最後の「規則」の段階の学習形態は，初期の変形文法での規則の表示方法で示されていますが，もちろん，このような抽象的で記号論的な形ではなく，例えば，いわゆる三単現に関する「主語が三人称単数の場合は，動詞の語尾に s を付ける」のような規則を文章化したものも可能です。ただ，変形文法的な規則であれ，このような文章化された明示的な規則であれ，必ずしもリアルタイムでの正確な英語の運用に至らないことは，読者の方々も身にしみて感じておられると思います。

　私事で恐縮ですが，若い頃，某新聞社の奨学金を得て，アメリカの大学の大学院に留学した経験があります。TEFL の修士課程で学んだわけですが，そこでの授業科目の大半が英語学関係で，しかも当時の変形文法の勢いを反映してか，変形文法に関する授業科目が多く開講されていました。その中の 1 つの授業では，変形文法に造詣の深い読者の方々には懐かしいかもしれませんが，M. K. Burt (1971) の *From Deep to Surface Structure* (Joanna Cotler Books) が主要テキストとなっていました。深層構造が表層構造へと変形していく過程をつぶさに説明している書籍で，授業ごとに 5 文程度の英文が与えられ，それらの英文の深層構造が表層構造に変形される

第2章　なぜ入門期から文型指導

までの全過程を，必要とされるいくつかの変形規則とそれぞれの変形規則が適用される度の前後の文構造の変化を，樹形図を使って逐一説明する課題が出されました。課題として出された英文はわずか5文程度でしたが，1つの英文について深層構造から表層構造までの変形プロセスを，段階を追ってノートに書き上げるのに8ページ程度が必要で，合計で40ページにもなりました。夜遅くまで図書館でその作業に没頭していました。アメリカ人の大学院生にとっても結構大変な作業だったようで，その作業の中で悟りました。大学院にも進学するほど高い知能を有している英語母語話者でも四苦八苦している規則を，生まれて間もない幼児が理解できるはずがないし，実際の運用で活用しているはずがないと。帰国後，中学校で教鞭を執るようになりましたが，変形文法との付き合いは，すっかり疎遠になってしまいました。

　いずれにしても，表2-5が示しているように，英語の学習は，定文→文型→構造→規則という段階を踏みながら進んでいくものと考えられます。その中でも入門期の学習者にとって重要なのは，最初の2つの段階，つまり定文と文型で，それがその後の構造と規則の段階の基盤 (scaffolds) になると考えられます。少なくとも，上記の筆者自身の体験からして，最後の「規則」の段階は，入門期の学習者には無縁な存在だと思われます。英語の学習が定文→文型→構造→規則という段階を踏みながら進行していくと仮定して，ここでより大切なことは，表2-5が示しているように，文型が，定文の段階での主たる学習方略である連合学習を徐々に関係学習へと変容させていく上での触媒となっているという点です。つまり，文型が関係学習を促進するのです。そこに文型に備わっている3つ目の教育的価値を認めることができます。

(4)　文型も言語的創造性に貢献できる

　刺激・反応・強化の繰り返しによる行動の習慣形成として言語習得を考えていた行動主義心理学 (Skinner, 1957) を徹底的に批判したチョムスキー (Chomsky, 1957; 1965; 1968) は，子どもが一度も聞いたことのない，つまり大人の言語を決してまねたものではない新しい文を発することから，子ど

もの中には生まれつき言語を獲得する力が備わっているに違いないという生得論を主張しました。この子どもの中に生まれつき備わっている言語を自然に獲得する力は言語習得装置 (Language Acquisition Device = LAD) と呼ばれました。その後，この LAD は言語の種類に関わりなく人間のことばの習得を可能にする一般的な原則 (principles) と個別言語への対応を扱うパラメータからなる普遍文法 (Universal Grammar) に置き換えられていきます (Chomsky, 1981)。チョムスキーに代表される生得理論の基本的主張は，この普遍文法によってのみ言語の創造性は可能になるのであって，子どもが自分の周りで耳にするインプットはこの普遍文法を活性化するという限定的な役割しか担っていないということです。言語習得は，決してインプットとして与えられる刺激への反応と強化の繰り返しによる習慣形成の結果として完成されるわけではないという立場です。この主張を図で示すと，以下の図 2–10 のようになります。

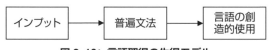

図 2–10：言語習得の生得モデル

一方，生得理論に与しない研究者達，その中でも特に L1 であれ L2 であれ，言語習得における定型表現 (formulaic language) の重要性に早くから注目してきた研究者達は，インプットの役割を再評価し，子ども達はインプットとして与えられる定型表現を足がかりとして，言語に特化された自身の知的能力の支援を得ながら，それらを分節し，定型表現の中に隠されている文法性に徐々に気付いていくことで，生得理論で仮定されている規則へとたどりつくと考えるようになりました (R. Ellis, 1983, 1985, 2005; Nattinger & DeCarrico, 1992; Myles et al., 1998)。本書はこの立場に立っています。この立場を図式化すると次ページの図 2–11 のようになります。

この図が示すように，言語の創造的使用が 100% 可能になるのは，チョムスキーの生得理論が主張しているように規則を通してです。その点には筆者も異論はありません。生得理論と異なるのは，規則に至るまでの定文，

第 2 章　なぜ入門期から文型指導

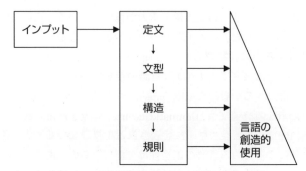

図 2–11：定文を出発点とする言語習得モデル

文型，構造の段階でも，ある程度の言語の創造的使用が保証されるという点です。しかしそうは言っても，定文，文型，構造では，規則で可能になる完全な言語的創造性は保証されてはいません。次の図 2–12 をご覧ください。

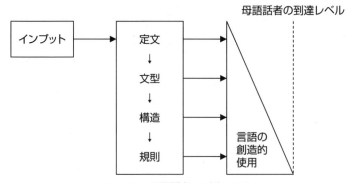

図 2–12：母語話者の到達レベル

定文による言語的創造性は，その性格上，ごく限られたものになります。文型や構造にしても，言語項目の選択や配列に一定の制限・制約が伴うため，規則で可能になるほどの言語的創造性は保証されていません。なるほど，学問的には，100％の言語的創造性，つまり母語話者に約束されているレベルの言語的創造性が保証されない言語モデルは不適格かもしれませ

ん。思い起こせば，competenceとperformanceの区別を提示したチョムスキー (Chomsky, 1965, p. 3) も次のように述べています。

> Linguistic theory is concerned with an ideal speaker-listener in a completely homogeneous speech community, who knows its language perfectly and is unaffected by such grammatically irrelevant conditions as memory limitations, distractions, shifts of attention and interest, and errors (random or characteristic) in applying his knowledge of the language in actual performance.
> （言語理論は，完全に等質的な言語社会に存在し，その言語を完璧に熟知し，記憶の限界，注意散漫，注意や興味の移行，自身の言語知識を実際の言語運用において適用する際の誤りといった文法的に無関係な状況によって一切の影響を受けない理想的な話し手・聞き手に関わっています）

チョムスキーが文型や構造を軸とした構造主義言語学や習慣形成理論に基づく行動主義心理学を学問的に批判した理由も，この限定された言語的創造性に見いだすことができます。ただ，外国語教育においては，母語話者に約束されている100%の言語的創造性を学習者に求めることはありません。次の図2–13をご覧ください。

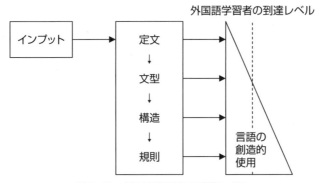

図2-13: 外国語学習者の到達レベル

第2章 なぜ入門期から文型指導

　外国語学習者に求める言語的創造性は，母語話者に約束されている言語的創造性ほど，高度なものである必要はありません。上記の図 2–13 が示しているように，文型や構造でも，外国語学習者に求められている言語的創造性のほぼ 100% 近くが達成可能です。例えば，I like [*tennis*]. という文型を例に取ってみましょう。この文型において，tennis はそれこそ学習者にとってはほぼ無制限とも言える他の名詞表現 (スポーツ，教科，国名，人名等々) と置き換え可能です。ただ，理論的には，置き換え可能な表現は，名詞表現に限定されるということで，有限には違いありません。しかし，その有限な数は，学習者にとっては天文学的な数字で，この文型からほぼ無制限に近い数の英文が作成可能と言えます。このように考えると，本書で焦点を当てている文型にも高いレベルの言語的創造性を生み出す可能性が秘められていると考えることができます。

　加えて，母語話者も発話の産出において絶えず言語規則を適用しているわけではないことが分かっています (Sinclair, 1991; Kasper & Schmidt, 1996, Foster, 2001; N. Ellis, Simpson-Vlach, & Maynard, 2008)。定型表現を適宜使用しながら，規則に基づく創造的な英文も産出しているのです。脳内メモリーの消費が少ない定型表現の使用が，メモリー消費の大きい言語規則の効果的運用を可能にしているのです。このことは，外国語学習者の場合にも当てはまります。文型自体に言語的創造性が備わっているだけでなく，メモリー消費の少ない文型の使用が，間接的により高度な言語的創造性を保証してくれる規則の運用を助けてくれるのです。この面での文型の役割も見逃すことができません。この2つの側面で，文型も言語的創造性に貢献できるのです。そこに文型の第4の教育的価値を認めることができます。

4. まとめ

　本章「なぜ入門期から文型指導」においては，まず，文型指導を論ずる前に，なぜそもそも入門期から文法指導が必要とされるのかを，① 言語本質論の立場，② 学習者論の立場，③ コミュニケーション能力論の立場，④

4. まとめ

現実論の立場から論じてきました。入門期から文法指導が必要であることを論じた後で、なぜ入門期での文法指導では文型に注目するようになったのかを、筆者自身が行った調査結果をもとに説明してきました。その上で、文型の教育的価値を ① 文型の中に基本的関係概念が集約されている、② 文型は入門期での学習方略に適合している、③ 文型が関係学習を促進する、④ 文型も言語的創造性に貢献できる、という4つの点に認めてきました。入門期からでも文型指導を行う価値があることがお分かりいただけたことと思います。

文型指導の一形態である文型練習 (pattern practice) は、Audiolingual Method やフリーズ (Fries, 1945) が唱道したオーラル・アプローチ (Oral Approach) において、絶頂期を迎えました。その後、Audiolingual Method の理論的基盤を形成していた構造言語学と行動主義心理学が、チョムスキーによって徹底的に批判され、学問的に衰退していくにつれて、文型練習もだんだん下火になっていきました。ただ、日本においては、文型練習は下火になったものの、文型それ自体は、伝統的な5文型の中で生き続けてきました。ただ、5文型での文型はそれ自体が学習の対象であり、文型が英語学習や英語使用にどのように貢献するのかについては、それほど議論の対象にはなってきませんでした。特に入門期での学習との関連で文型指導が論じられることは稀だったと思います。その後、日本においてもいわゆる CLT (Communicative Language Teaching) が普及していくにつれて、正確さ (accuracy) よりも流暢さ (fluency) が重視され、文型軽視の傾向はますます強くなっていきました。その一方で、筆者は、常々、文型は外国語学習において、しかも入門期において重要な役割を担っていると考えてきました。問題は、どんな文型を教え、それをどのように指導するかです。次章以降でその問題をじっくり考えていきます。

注

(1) ここでは以下の文献を参考に、一般的に流布している用語を採用しています。
ピアジェ, J.・波多野完治・滝沢武久訳 (1967)『知能の心理学』東京: みすず書

房（pp. 233–234）；広岡亮蔵（編）（1975）『授業研究大事典』東京：明治図書出版（pp. 585–586）；アイゼンク，M. W.（2008）『アイゼンク教授の心理学ハンドブック』京都：ナカニシヤ出版（pp. 579–593）；Taylor, I.（1976）. *Introduction to psycholinguistics*. New York: Holt, Rinehart and Winston（pp. 188–190）.

(2) 丸山（1981, pp. 98–99）によれば，ソシュール自身は連辞関係と範列関係のうち，後者の範列関係を連合関係と呼んでいたそうですが，後にソシュールの理論を継承したコペンハーゲン学派のイェルムスレウ（L. Hjelmslev）によって範列関係に言い換えられたとのことです。なお，この縦軸・横軸の考えは，ローマン・ヤコブソンの結合軸と選択軸の対比を参考にしたとされる斎藤（2007）にも見られます。

(3) Council of Europe.（2018）. *Common European framework of reference for languages: Learning, teaching, assessment. Companion volume with new descriptors*. 欧州評議会（Council of Europe）のウェブサイト（https://rm.coe.int/cefr-companion-volume-with-new-descriptors-2018/1680787989）から入手可能です。また，西山（2017）はこの CEFR の増補版のポイントを簡潔に説明しています。

第3章

文型再考

1. 伝統的5文型

　本書の中でここに至るまで、文型という用語を頻繁に使用してきましたが、どちらかと言えば、一般的な「パターン」の意味で使用し、その中身については敢えて明確にはしてきませんでした。しかし、英語教育のコンテクストで「文型」ということばを耳にしたり目にしたりされる読者は大概、いわゆる伝統的な「5文型」を想起されると思います。この5文型の起源については、定説があるわけではありませんが[1]、一般にイギリスの英語学者 C. T. Onions が1904年に発表した *An Advanced English Syntax* がその始まりと言われています[2]。その中で Onions は、主語 (subject) と述部 (predicate) の関係に着目し、述部の形式として次のような5つの形式を示しています。各形式に添えられている例文は、著書の中で最初に示されている例文を記載しています。

述部の第1形式　Day dawns.
述部の第2形式　Croesus was rich.
述部の第3形式　Cats catch mice.
述部の第4形式　We taught the dog tricks.
述部の第5形式　Nothing makes a Stoic angry.

　この5つの述部形式が、細江逸記によって、日本にも紹介されました。細

第3章 文型再考

江 (1917, 1971, pp. 24–39) は，まず，英語の動詞を自動詞と他動詞に大別し，さらに自動詞を2種類（完全陳述自動詞と不完全陳述自動詞）に，他動詞を3種類（単純他動詞，付与動詞，作為動詞）に分けて，Onions の5つの述部形式にならい，次のような5つの文形式を提示しています。ここでも，各形式に添えられている例文は，著書の中で最初に示されている例文を記載しています。

第1形式の文　Dogs bark.
第2形式の文　It was he.
第3形式の文　Cats catch mice.
第4形式の文　I gave him a book.
第5形式の文　Father made me a merchant.

これら5つの形式にそれぞれ SV，SVC，SVO，SVOO，SVOC という記号表記が付与されて，今日一般に流布しているような5文型が定着していきました。以前は複数の中学校用教科書が3年生の最後のまとめの段階で，5文型を中学生用にアレンジした形で示す傾向にありましたが，最近ではむしろ，教科書で新出構文として扱われた英文そのものを，巻末に基本文としてまとめて羅列する傾向が強くなっています。その数はかなりの数にのぼります。100文近くを提示している教科書もあります。そこには，5文型では示されない疑問文や否定文も基本文として提示されています。コミュニケーション志向がますます強まるなかで，会話で使える表現を重視し，それらを定型表現として扱う傾向が強くなっているとも言えます。

　ただ，高等学校になると，1年次の教科書の最初で5文型をまとめて示す傾向は以前から変わっていません。この傾向は文法を組織的に扱う傾向にある「英語表現」の教科書で顕著で，ほとんどの教科書会社が「英語表現 I」の冒頭部あるいは最初の1～2レッスンで5文型を示し，中学校での学習のまとめとして扱う傾向にあります。筆者自身が監修した「英語表現 I」の教科書でも本課に入る前のイントロダクションの中で，5文型が次のように提示されています[3]。

1. SV 型　　　（He went to the hospital yesterday.）
2. SVC 型　　（I am a member of the soccer team.）
3. SVO 型　　（I like English very much.）
4. SVOO 型　（Hanako gave me a letter last week.）
5. SVOC 型　（The news made him happy.）

学習指導要領が改訂され，今まで以上に 4 技能（5 領域）の指導に重点が置かれ，授業科目も「英語表現」から「論理・表現」に変わる中で，伝統的な 5 文型の扱いが今後どのように変化するのか，興味がそそられます。

2. クワーク学派の 7 文型

R. クワークとその共同研究者達は，発刊当時非常に高い評価を得た著書（Quirk, Greenbaum, Leech, & Svartvik, 1985, p. 721）において，従来の伝統的 5 文型の不備を補完する形で次のような 7 文型を提示しました。

1. SV 型　　　The sun is shining.
2. SVO 型　　That lecture bored me.
3. SVC 型　　Your dinner seems ready.
4. SVA 型　　My office is in the next building.
5. SVOO 型　I must send my parents an anniversary card.
6. SVOC 型　Most students have found her reasonably helpful.
7. SVOA 型　You can put the dish on the table.

このクワーク学派の 7 文型の一番の特徴は，その文型の数が示しているように，従来の 5 文型になかった新しい文型を 2 つ，つまり SVA 型と SVOA 型を新しく設定した点にあります。この中の A という文型の要素は，義務的な副詞語句（obligatory adverbial）を指しています。従来の 5 文型では修飾語として扱われていたものです。クワーク達が A という要素を設定し

第3章 文型再考

た理由を簡単に説明します。まず，SVA 型の例文として示されている "My office is in the next building." という英文を取り上げます。この英文は，次に示すように，伝統的 5 文型では SV 型として処理されますが，7 文型では SVA 型に位置付けられます。

    My office is in the next building.
5 文型   S V (M)
7 文型   S V A

前置詞句 in the next building は，5 文型では修飾語として扱われ，文型を構成する要素として見なされません。しかし，修飾語として扱われる前置詞句を削除した英文 "My office is." はそのままでは非文となります。つまり，in the next building は義務的な副詞語句なのであり，文型の構成要素として位置付けざるを得ません。同様に，SVOA 型の例文として示されている "You can put the dish on the table." という英文も，伝統的 5 文型では SVO 型として処理されます。

    You can put the dish on the table.
5 文型   S V O (M)
7 文型   S V O A

前置詞句 on the table は，5 文型では修飾語として扱われ，文型を構成する要素としては見なされません。しかし，それを削除した英文 "You can put the dish." はそのままでは非文となります。つまり，on the table は義務的な副詞語句なのであり，文型の構成要素として位置付けざるを得ません。

 安藤 (1983; 2005) は，このクワーク学派の 7 文型に新しい文型 (SVCA 型) を加えて，8 文型を提案しています。

John is very fond of cats.
5文型　　S　V　　C　　(M)
8文型　　S　V　　C　　A

　前置詞句 of cats は，5文型では修飾語として扱われますが，それを削除した英文 "John is very fond." は非文となるため，8文型では義務的な副詞語句として位置付けられます。その結果，"John is very fond of cats." は，SVCA 型として位置付けられます。
　さらに，Quirk et al. (1985) の姉妹編にあたる Biber, Johansson, Leech, Conrad, and Finegan (1999, pp. 141–152) では，クラークらの7文型に加えて，以下の2つの文型が追加されています。

・主語 + 述語動詞 + 前置詞付目的語（Subject + verb phrase + prepositional object）
Mr Baker said many of the 45,000 people who **applied for** the refugee status in Britain last year were bogus.
・主語 + 述語動詞 + 直接目的語 + 前置詞付目的語（Subject + verb phrase + direct object + prepositional object）
Teachers were asked to **read** each question **to** pupils twice.

　その結果，全部で9つの文型が提示されています。クワークらの7文型の目玉であった「義務的な副詞語句」(obligatory adverbial) に加えて，新たに「前置詞付目的語」(prepositional object) が文型の必須要素として位置付けられたためです。
　従来の伝統的5文型の場合よりも，学問的により精緻な分析が施されていますが，2019年現在，7文型にしろ8文型にしろ9文型にしろ，日本の学校英語教育にはさほど浸透していません。おそらく，5文型と比較して，文型の数が増えるためと思われます。例外的に，中学校用教科書のうち1社の教科書において，従来の伝統的5文型に代わって，ここで取り上げたクワーク学派の7文型が3年間の学習のまとめとして3年生用教科書

の巻末に示されています。以前は5文型を提示していた教科書ですが、いろいろな「主語＋動詞〜」の文として、以下のような7文型とその用例が示されています[4]。

(1) ［主語］＋［動詞］
　　Mr Brown sings.
(2) ［主語］＋［動詞］＋［前置詞＋〜］
　　Mr Brown is in the classroom.
(3) ［主語］＋［動詞］＋［補語（名詞／形容詞）］
　　Mr Brown is a teacher.
(4) ［主語］＋［動詞］＋［目的語（名詞）］
　　Mr Brown plays the guitar.
(5) ［主語］＋［動詞］＋［目的語（名詞）］＋［前置詞＋〜］
　　Mr Brown puts the map on the wall.
(6) ［主語］＋［動詞］＋［目的語（名詞）］＋［目的語（名詞）］
　　Mr Brown teaches us an English song.
(7) ［主語］＋［動詞］＋［目的語（名詞）］＋［補語（名詞／形容詞）］
　　Mr Brown makes us happy.

この先、この7文型が5文型の牙城に食い込むのか、推移を見守りたいと思います。

3．ホーンビーの動詞型

　伝統的5文型やクワーク学派の7文型との比較対象的な存在としてよく引き合いにだされるのが、ホーンビー（A. S. Hornby）の動詞型（verb patterns）です。安藤（2008）によると、もともとは、現在の語学教育研究所の前身であった英語教授研究所の初代所長を務めたパーマー（H. E. Palmer）によって唱導され、その考えを継いだホーンビーによって発展されたものです。そ

3. ホーンビーの動詞型

の語学教育研究所が編纂した英英辞典 *Idiomatic and Syntactic English Dictionary* (Hornby, Gatenby, & Wakefield, 1942) に示された 25 の動詞型は，その後，ホーンビーが 1954 年に出版した *A Guide to Patterns and Usage in English* (Hornby, 1954, p. 16) に引き継がれています。その 25 の動詞型は以下のとおりです。

VP 1   Vb. × Simple Direct Object
VP 2   Vb. × (*not* ×) *to*-infinitive, etc.
VP 3   Vb. × (pro)noun × (*not* ×) *to*-infinitive, etc.
VP 4   Vb. × (pro)noun × (*not* ×) (*to be* ×) predicative
VP 5   Vb. × (pro)noun × bare infinitive, etc.
VP 6   Vb. × (pro)noun × present participle, etc.
VP 7   Vb. × (pro)noun × adjective
VP 8   Vb. × (pro)noun × noun
VP 9   Vb. × (pro)noun × past participle
VP 10 Vb. × (pro)noun × adverbial
VP 11 Vb. × *that*-clause
VP 12 Vb. × (pro)noun × *that*-clause
VP 13 Vb. × conjunctive × *to*-infinitive, etc.
VP 14 Vb. × (pro)noun × conjunctive × *to*-infinitive, etc.
VP 15 Vb. × conjunctive × clause
VP 16 Vb. × (pro)noun × conjunctive × clause
VP 17 Vb. × gerund, etc.
VP 18 Vb. × direct object × prep. × prepositional object
VP 19 Vb. × indirect object × direct object
VP 20 Vb. × (*for* ×) adverbial complement of distance, time, etc.
VP 21 Vb. alone
VP 22 Vb. × predicative
VP 23 Vb. × adverbial adjunct
VP 24 Vb. × prep. × prepositional object
VP 25 Vb. × *to*-infinitive (of purpose, etc.)

Hornby (1954) の改訂版である Hornby (1975) では，従前の動詞型と同じ

く25種類の動詞型が採用されていますが，かなりの改訂が施され，下位区分も追加されて，合計で53もの動詞型が列挙されています。なお，このホーンビーの動詞型は，*Oxford Advanced Learner's Dictionary of Current English* (OALD) の第4版 (Oxford University Press, 1989) にも再録されていますが，数は32に削減されています。

安藤 (2008, p. 3) は，伝統的5文型とホーンビーの動詞型の違いを，「5文型は，文の要素の機能 (function) を考えているのに対して，動詞型はその構造 (structure) を考えている」ということばで説明しています。例えば，以下の5つの英文は，5文型では目的語の形態に拘わらず同じSVO型として扱われています (安藤, 2008, pp. 3–4)。

a. We all had a good time.
b. I couldn't help laughing.
c. Do you know how to do it?
d. Do you think it will rain?
e. I don't know who she is.

しかし，動詞型ではSVOのO (目的語) の構造に，以下のような異なる型が設定されているため，上記の5つの英文は異なる型に属する英文として扱われます。

1) 名詞／代名詞
2) 動名詞
3) 疑問詞＋to不定詞
4) thatで始まる名詞節
5) 疑問詞で始まる名詞節

機能ではなく構造を考えている関係で，ホーンビーの動詞型には多種多様なパターンが含まれることになります。5文型と比較して，いかんせん，あまりに数が多すぎます。学習者にとっては大きな負担となり，さほど有

用とは思われません。一応，英語学習者を対象としているものの，やはり基本的には母語話者が話す英語の文の分類であり，英語学習者，それも初級段階の学習者にとっての負担についてはさほど考慮されていません。実際，OALD に収録されている 32 の動詞型の違いが理解できる学習者は，既に文型の指導を必要としないレベルに達しているものと推察されます。

4. 学習指導要領における文型

　以上，主に海外の文献をもとに，これまでの文型に関する考え方を見てきましたが，我が国の学校英語教育に多大な影響を及ぼしてきた学習指導要領では，文型はどのように扱われているのでしょうか。実は，現在の学習指導要領においては「文型」という用語はもはや使用されていません。2008 年 3 月に告示された現行中学校学習指導要領より，「文型」に代わって「文構造」という用語が使用されています。その理由を文部科学省は次のように説明しています（文部科学省, 2008d, p. 30）。

> 「文法事項」については，従来の学習指導要領で用いられていた「文型」に替えて「文構造」という用語を用いた。文を「文型」という型によって分類するような指導に陥らないように配慮し，また，文の構造自体に目を向けることを意図してより広い意味としての「文構造」を用いたものである。

筆者は，この立場を取りません。「文型」という用語を使用しても，「文の構造自体に目を向けること」は可能だと信じているからです。かつ，筆者は「文型」と「構造」を違うものとして扱っているからです。
　その点はさておいて，ここでは，学習指導要領にも伝統的 5 文型の枠組みが色濃く反映されている事実を指摘しておきたいと思います。例えば，2020 年度から完全実施される次期小学校学習指導要領では，教科としての外国語（実質的には英語）で扱う「文構造」が以下のように規定されて

第 3 章　文型再考

います（文部科学省, 2018a, p. 159）。

 a ［主語＋動詞］
 b ［主語＋動詞＋補語］のうち，
   主語＋Be 動詞＋〈名詞／代名詞／形容詞〉
 c ［主語＋動詞＋目的語］のうち，
   主語＋動詞＋〈名詞／代名詞〉

伝統的 5 文型の枠組みで言えば，SV，SVC，SVO の文型を指導することになっています。さらに，次期中学校学習指導要領によれば，外国語（英語）で扱う「文構造」が以下のように規定されています（文部科学省, 2018c, pp. 146–147）。

 a ［主語＋動詞＋補語］のうち，
   主語＋Be 動詞以外の動詞＋〈名詞／形容詞〉
 b ［主語＋動詞＋目的語］のうち，
   (a) 主語＋動詞＋〈動名詞／to 不定詞／how（など）to 不定詞〉
   (b) 主語＋動詞＋〈that で始まる節／what などで始まる節〉
 c ［主語＋動詞＋間接目的語＋直接目的語］のうち，
   (a) 主語＋動詞＋間接目的語＋〈名詞／代名詞〉
   (b) 主語＋動詞＋間接目的語＋how（など）to 不定詞
   (c) 主語＋動詞＋間接目的語＋〈that で始まる節／what などで始まる節〉
 d ［主語＋動詞＋目的語＋補語］のうち，
   (a) 主語＋動詞＋目的語＋〈名詞／形容詞〉
   (b) 主語＋動詞＋目的語＋原形不定詞
 e その他
   (a) There＋Be 動詞＋〜
   (b) It＋Be 動詞＋〜（＋for 〜）＋to 不定詞
   (c) 主語＋tell, want など＋目的語＋to 不定詞

　　　　(d) 主語＋Be 動詞＋形容詞＋that で始まる節

　このように，伝統的 5 文型で言えば，SVC，SVO，SVOO，SVOC の文型を主に指導することになっています。「文構造」となっていますが，それまでの学習指導要領で示されていた「文型」と中身はほぼ同じです。しかも，伝統的 5 文型が下敷きになっているのは明らかです。ただ，学習指導要領で示されている「文構造」は，主に教科書編集者が教科書を作成していく段階で考慮しなければならないものであって，そのまま学習者に示されるものではありません。小学校の教科としての外国語（英語）の授業で，SV，SVC，SVO の文型が指導可能となったとしても，それはあくまでこの 3 つの文型に属する英文が教科書に出てくることを意味するだけで，それらの英文を文型として指導するかどうかは別問題です。少なくとも，［主語＋動詞＋補語］や［主語＋動詞＋目的語］といった文法用語を示す必要はありません。その点については後（第 4 章）で触れることにします。

5. 従来の文型論からの転換

　英語の文型としては，既に概観してきたように，伝統文法における基本 5 文型（Onions, 1904; 細江, 1917, 1971）やクワーク学派の 7 文型（Quirk et al., 1985），さらにはホーンビーの 25 種類の動詞型（Hornby, 1954, 1975）が一般的に想起されます。そのせいか，つい文型を言語学者の仮説や理論的構築物としてのみ考えてしまいがちです。本書では，文型をそのようには捉えません。文中における単語の並び方や他の単語との置き換え可能性に関する制約・制限を集約したものとして，言語の重要な特性を形成していると考えます。これらの制約・制限の具体的中身については，個々の言語において異なりますが，当該言語を話す人々の間では共通に理解されています。だからこそ，当該言語社会における人々の間での言葉によるコミュニケーションが可能になるのです。もし仮に，言葉の置き換えにしろ，整列にしろ，なんら制約・制限がなく，全く個人の自由に任されてしまうと，言葉

第3章 文型再考

によるコミュニケーションは到底成立しません。この意味で、文型は、個人によることば使いの自由度を制限する力として機能していると言えます。英語学習というコンテクストの中で文型について考察を巡らす場合、とかくこの制約・制限としての機能が前面に出がちですが、文型にはもう1つ大切な働きが備わっています。それは、関係概念を類型化したものとしての文型の存在が、子どもによる母語の学習や使用を可能にし、支援しているという点です。つまり、子どもにとっては文型が学習の手がかりになっているのです。この意味で、文型それ自体が言葉の学習を予期しているとも言えます。問題は、その文型をどのように捉え、どのように提示し、どのように指導していくかです。

英語学の立場から学校英語教育に対して度々示唆に富む提言を提示してきた安井 (2012, p. 270) は、伝統的5文型と英語教育の関係について、以下のように述べています。

> 5文型というのは、英語の学習初期段階において学習の出発点をなすものと考えられるものではなく、ある程度実際の英文に接したあと、それらの文の整理に役立つものとして、あとから提示されるべきものであると考えられます。5文型という概念が、その活力を失い、ほとんど死に体に近い扱いを受けるに至っているのも、このあたりにその原因があったのではないかと思われます。

筆者も、いくら我が国の英語教育において長きにわたって堅持されてきたとは言え、伝統的5文型を英語学習の出発点とすることには反対です。伝統的5文型の明示的指導は高校段階からでも遅くないと考えています。実際、現在高等学校で使用されている教科書を見る限り、そのようになっています。筆者が伝統的5文型の枠組みを英語学習の出発点で使用することに反対する理由は、それがあくまで大人にとっての文型の枠組みだからです。だからと言って、英語学習の初期段階で文型の指導を回避することにも反対です。既に触れた文型に備わっている教育的価値から判断する限り、学習段階にふさわしい文型、入門期の学習者にふさわしい文型の在り方を

考え、その効果的指導法を模索することは可能であり、必要だと考えています。そのためには、文型についての考え方を転換する必要があります。従来の文型は、基本的に ① 大人の文法の視点からまとめられたものであり、② 言わば完成版としての文型であり、③ 学習者のための文型となっていないと判断できます。今必要とされているのは、① 学習者、とりわけ入門期の学習者のための文型であり、② 入門期の学習者による英語の学習や使用を補佐する文型なのです。

この立場から、本書では文型を、文に含まれる関係性を分かりやすく可視化したものとして捉えます。関係性を可視化すると言っても、伝統的5文型で使用されているSVCやSVOには囚われません。学習指導要領で使用されている「主語＋動詞＋補語」や「主語＋動詞＋目的語」という表記にも囚われません。また、教育現場でよく利用されている「誰が＋どうした＋なにを」という表記にも囚われません。理解しやすい形で文の中にある関係性が可視化してあれば、それでよいと考えています。さらに、伝統的5文型のように、文型を固定的には捉えません。第二言語習得研究の中でその存在が明らかにされてきたSelinker (1972) が提唱する中間言語 (interlanguage) や、Nemser (1971) が提唱する近似体系 (approximative system) の発想を取り入れ、学習の進行につれて変化していくものとして捉えます。

既に、構造 (structure) と文型 (pattern) を区別するGutschow (1978) の考えを紹介しましたが、その中でGutschowは文型を "descriptions of structures reduced to teachable formulas which identify only the primary elements" つまり「主要な要素に特化し、指導可能なレベルに定式化された表現に集約された構造の記述」(pp. 55–56) と定義しています。本書でもこの考え方に立脚し、学習者のための文型、分類よりも学習効果・学習推進力を重視した文型、そして完成品ではなく、形を変え成長しながらも、各学習段階での言語の創造的使用に寄与する文型を目指します。

6. まとめ

　フィンランドの英語教育学者である Ringbom (2007, p. 100) は，入門期の学習者に提示すべき文法は "a very simple, minimally complex grammar that is gradually developed in the direction of the TL grammar" つまり「非常に簡素・簡単でありながら，徐々に目標言語の文法に向かって発展していく文法」でなければならないと主張していますが，同感です。また，日本の学校英語教育というコンテクストにおいて教師が拠り所とすべき学習英文法について，柳瀬 (2012, p. 54) はその目的を「教師が目標言語を，学習者が習得しようとするレベルで解説し，学習者の習得を助けること」と規定し，同じく田地野 (2012, p. 157) も「私たちが目指す「よい学習文法」とは，「学習者にとってわかりやすく，使いやすい文法」と言えるでしょう」と述べています。筆者は，これらの教育英文法に関する主張も加味しながら，従来の大人の視点に立った文型観を転換して，子どもの立場，学習者の立場を大切にする新しい文型観を構想し，それを具体化させるための方法として発達論的視点に立った文型論，つまりチャンク文型論を提案するに至りました。その具体的な主張については，次章で詳しく説明します。

注

(1)　宮脇 (2012) は，A. J. Cooper and E. A. Sonnenschein (1889), *An English grammar for schools based on the principles and requirements of the grammatical society. Part II: Analysis and syntax* (*2nd Ed.*), London: Swan Sonnenschein を 5 文型の祖としています。

(2)　この本は，*Routledge library editions: The English language, Volume 20* (2015) に再録されています。また，Onions 自身の *Modern English Syntax* (Routledge, 1971) にも受け継がれています。

(3)　高等学校用英語教科書「英語表現 I」*New ONE WORLD Expressions I* (教育出

版，2017），p. 10.
（4）　中学校用英語教科書 *NEW CROWN English Series 3*（三省堂，2017），pp. 122–123.

第4章
チャンク文型論の主張

1. 学問的整合性よりも学習効果を優先する

　文法への関心が高まる中で，教育英文法（本書では学習英文法と同義と位置付けています）に関する議論が国内・国外を問わず，盛んになっています（Hinkel & Fotos, 2008; Nassaji & Fotos, 2011; Christison et al., 2015; 大津, 2012a）。当然のことながら，本書で提案しているチャンク文型論も教育英文法の一翼を担っているわけですが，教育英文法とはそもそもいかなる文法なのでしょうか。一般に，英文法とは英語の構造と仕組みを記述したものと解釈できますが，概ね，他の研究者のために記述されたものと，学習者のために記述されたものに大別することができます。前者は理論英文法，後者は教育英文法と呼んでもよいと思います[1]。前者の理論英文法は，実際に英語話者が発してきた英語データをもとに，理論的枠組みに沿って記述されます。その際に学問的整合性が強く意識され，正確な説明が求められます。一方，教育英文法は，場合によっては英語データをもとに，記述される場合もあるかもしれませんが，多くの場合，英語データをもとにまとめられた理論英文法を基礎に，対象とする学習者のレベルを念頭に記述されることになります。Odlin (1994, p. 1) は，教育英文法 (pedagogical grammar) を "the types of grammatical analysis and instruction designed for the needs of second language students" つまり「第二言語学習者のニーズに応えるべくデザインされた文法的分析と指導」と定義し，第二言語学習者のニーズを重視する姿勢を強調しています。

1. 学問的整合性よりも学習効果を優先する

　その教育英文法に関しては，次の図4–1が示すように，従来から英語学的視点からのアプローチと英語教育学的視点からのアプローチが併存してきましたが，それぞれの守備範囲が少し異なっています。

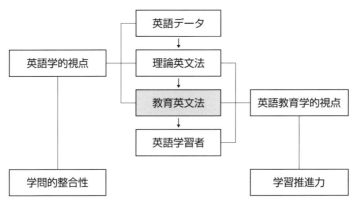

図 4–1：教育英文法への2つのアプローチ

　英語学的視点の守備範囲は，中には例外もあるかもしれませんが，基本的に英語データと理論英文法と教育英文法の3つをカバーしています。この場合の教育英文法は，基本的に英語学を専門としつつ英語教育にも関心がある研究者によって執筆される傾向にあります。その執筆過程においては，理論英文法に記載されている内容や英語データとの学問的整合性が強く意識されます。

　一方，英語教育学的視点の守備範囲は，これも例外があるかもしれませんが，基本的に理論英文法と教育英文法と英語学習者の3つをカバーしています。この場合の教育英文法は，基本的に英語教育学を専門としつつ，英語学にも多少の造詣があるものの，どちらかと言えば，自身の記述が実際の英語学習の推進にどのように貢献するのかについて見極めようとする研究者によって執筆される傾向にあります。要するに，英語教育学的視点から提案される教育英文法は，学問的整合性よりも学習推進力や学習効果に力点が置かれます。Richards and Schmidt (2010, p. 425) も，教育英文法

第 4 章　チャンク文型論の主張

　(pedagogical grammar) を "a grammatical description of a language which is intended for pedagogical purposes, such as language teaching, syllabus design, or the preparation of teaching materials" つまり「言語教育やシラバス・デザインや教材準備と言った教育的目的に応えるための言語の文法的な記述」と定義し，教育英文法に求められる教育的価値を重視していますが，この視点は，日本で英語教育学の視点から教育英文法にアプローチしている研究者や実践者にも共有されています。例えば，柳瀬 (2012, p. 63) は，「学習英文法は，「教育的妥当性」の観点から，学習者の最小の労力で学習者にとって最大の効果（＝英文法の体現）を出すようにデザインされるべきです」と述べ，教育英文法の本質を学習推進力・学習効果に求めています。その延長線上に，教育英文法は説明の段階を一歩踏み出し，教室での指導も含めるべきであると考える研究者もいます。上で紹介した Odlin (1994, p. 1) の教育英文法の定義を再度ご覧ください。学習者のニーズに応えることを大前提にしながらも，分析 (analysis) と指導 (instruction) を教育英文法の 2 本柱に据えています。
　以上，教育英文法への英語学的アプローチと英語教育学的アプローチの違いについて考えてきましたが，同様なことが，本書が扱っている「文型」についても言えます。文型と言えば，読者の脳裏にはすぐに，伝統的 5 文型が想起されると思います。それは，もともとは英語学的見地から提案されたものであり，文型とはあまたある数々の英文を，一定の型を規準に分類するためのものとしての性格を付与され，そこには学問的整合性が求められました。既に見てきたように，クワーク学派の 7 文型は，学問的整合性を 5 文型以上に高めた結果提案されたものです。
　一方，英語教育学的見地からすれば，学問的整合性よりも，それが英語の学習や英語でのコミュニケーションをどれほど支援し推進するのか，その学習効果に焦点が当てられます。具体的に考えていきましょう。例えば，"Nancy is from Canada." という英文は何文型でしょうか。伝統的 5 文型では，SV 型に，クワーク学派の 7 文型では，SVA 型に分類されます。学習効果を優先する英語教育学的見地からすれば，英語学の研究者からすぐにお叱りを受けそうですが，SVC 型の英文として考えてもよいかもしれ

1. 学問的整合性よりも学習効果を優先する

ません。なぜなら，"Nancy is from Canada." は，5 文型でも 7 文型でも SVC に分類される "Nancy is Canadian." と内容的には等価と考えられるからです。よって，入門期の英語学習者には，次の図 4-2 が示すように，どちらの英文も同じ文型に属すると教えてもよいのではないでしょうか。

意 味	Nancy is from Canada.	≒	Nancy is Canadian.
5 文型	S V		S V C
7 文型	S V A		S V C
本 書	S V C		S V C
	A is B		A is B

図 4-2: 学習者にとっての文型

　かといって，入門期の学習者に SVC という形で文型を提示することは早すぎると思います。後ほど詳しく紹介しますが，学習者の視点を大切にするチャンク文型論では，"Nancy is from Canada." も "Nancy is Canadian." も，同じ「A is B」の文型の例として捉えます。A と B 以外の文字を使用しても構いませんが，この「A is B」の文型を提示することによって，"Nancy is Canadian." (SVC) も "Nancy is from Canada." (SVA) も同じ文型として扱うことができます。その方が，それこそ学習者のニーズに合致していると言えます。学問的には重要な区別かもしれませんが，英語学習入門期の学習者にとって，SVC 型と SVA 型の区別は理解不能で，ことさら英語の学習を七面倒くさいものにしてしまい，生産的でもありません。

　筆者が中学校で教鞭を執っていた時，この「A is B」の形で文型を提示しました。S，V，C という抽象的な記号の羅列や，学習指導要領で使われている「主語＋動詞＋補語」という形を使用しなかったせいか，生徒には受け入れやすく，それなりの学習効果があったと確信しています。これが，学問的整合性よりも学習効果を優先するということの真意であり，チャンク文型論の第一の主張です。

2. 文型の構成単位をチャンクと考える

　今日，外国語教育の分野ではチャンク (chunk) という用語が頻繁に使用されています。多くの場合，最近注目を集めている定型表現 (routines, pre-fabricated patterns, formulaic sequences, formulaic language, lexical phrases, etc.) と同義的に使用されています。特にスピーキング指導において，gambits (conversational routines) とほぼ同じ意味で使用されています。例えば，Myles et al. (1998, p. 323) は，チャンクを "rote-learned formulas" つまり「暗記された定型表現」として捉えていますし，Lindstromberg and Boers (2008, p. 9) も，チャンクを "a string of words that we can find in our memory as a ready-made unit" つまり「あらかじめ作成されたユニットとして記憶の中に残っている一連の単語群」と定義した上で，多くのチャンクを覚えると，話したり書いたりする時に，頭の中で，一語ずつ構成しなおすことなく，そのままの形で記憶から呼び起こすことができ，スムーズな表現活動ができると，その有効性を謳っています。

　わが国においても，チャンクが研究者や現場の先生方の関心を集めています。田中・佐藤・河原 (2003, p. 7) は，チャンクを「意味のかたまりとしての断片」として捉え，名詞チャンク・動詞チャンク・副詞チャンクの3種類に分けています。杉本 (2006, p. 8) は「単語が8個ぐらいまでの短い表現」と定義し，田中・佐藤・阿部 (2006, p. 187) は「表現断片」と定義しています。田中 (2012, p. 8) は「あることを言語で表現するための慣用化した，決まり文句」と定義し，慣用チャンクと即興チャンクに分類しています。投野 (2015, p. 3) は，少し長くなりますが，次のように定義しています。

　　チャンク (chunk) とは，take medicine (薬を飲む) のように1つの覚えるべき単語 Y (例えば medicine) に対して，その単語を身につけるために最も適するパートナーで，かつ既に誰もが知っている基本単語 (ここでは take) を組み合わせた X + Y (take medicine) のまとまりを表すようなフレーズのことです。

2. 文型の構成単位をチャンクと考える

　ここで紹介したいずれの定義においても，チャンクが定型表現と同義的に捉えられています。これもチャンクの1つの解釈かもしれませんが，本書で提案しているチャンク文型論では，チャンクを，定型表現としてではなく，人間の記憶や学習を助ける情報単位として捉えます (伊東, 1982, pp. 21–22)。この分野の草分けは，人間が一度に処理できる項目の数は7±2であり，その数字を "magical number seven, plus or minus two" と名付けた Miller (1956) で，チャンクについては，別の著書で次のような説明を加えています (Miller, 1967, p. 41)。

The process of memorizing may be simply the formation of chunks, or groups of items that go together, until there are few enough chunks so that we can recall all the items.
　(記憶のプロセスは，つまるところ，対象となっている個々の項目を，チャンクつまり共に生起する仲間ごとにまとめていき，最終的に，すべての項目を思い出すことができるようになるまでチャンクの数を減らしていくことなのです)

　ポイントは，チャンクはインプットとして与えられるものではなく，自ら作っていくものなのです。その点が，チャンクを定型表現として捉える立場と大きく異なっています。チャンクの作成を "the division of utterances into parts, as part of the process of learning or comprehension" つまり「学習や理解のプロセスの一部として発話を部分に分割していくこと」と説明している Richards et al. (1992, p. 50) も同じ立場に立っています。
　では，チャンクが人間の記憶や認知作業にどのように関わってくるのか，具体的に見ていきましょう。次ページに示す○の集合体 (A～C) を見てください。AとBについては，すぐに○の数を言い当てることができると思います。しかし，Cはどうでしょうか。すぐにその数を正確に言い当てることができた人は，空間認知能力に非常に長けている方だと思います。多くの人は，大概，1つずつ順番に○の数を数えた結果，10個という正解に至ります。

第4章　チャンク文型論の主張

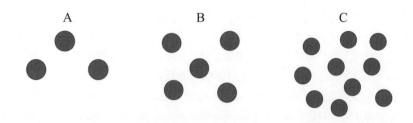

では，次のDはいかがでしょうか。上のCに斜めの線を引いただけです。

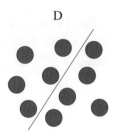

今度は，多くの読者が一目見ただけで，○の数は10個であると理解できると思います。対象を2つのチャンクに分けた結果，一度に処理すべき項目が5つに減らされたからです。もう1つ例を出します。次の数字の羅列を一瞬で覚えてみてください。

　　　0728052801

相当記憶力に長けている人でないと，それは無理です。しかし，次のように，チャンクに分けると，どうでしょうか。

　　　072　805　2801

今度は，無理なく覚えられたのではないでしょうか。大学の授業で，受講生にこの数字を一瞬だけ見せて，すぐに繰り返すように求めると，正解は

2. 文型の構成単位をチャンクと考える

なかなか得られないものの，多くの受講生が自然にこの10桁の数字を3つのチャンクに分けて繰り返そうとします。つまり，長いものをチャンクに分けて，一度に処理する項目の数を減らすことによって結果的に大きな単位（ここでは上記の電話番号）を処理できるようにするという作業は，人間に本来的に備わっている神経生理学的な能力なのです。これがチャンクの力です。このチャンクという概念を文型に当てはめるのがチャンク文型論なのです。

　チャンクの作成 (chunking) を人間に備わっている能動的な精神作用と捉える立場から，Richards et al. (1992, p. 50) は英文理解におけるチャンクの役割を次のような例で説明しています。学習者に "It was because of the rain that I was late." という英文が提示されたと仮定しましょう。学習者は，この英文を "It was because of the rain" と "that I was late" という2つのチャンクに分割し，それぞれの意味を個別に理解し，最後にそれらを統合して文全体の意味を理解することになります。同様に，認知心理学者のNewell (1990, p. 7) もチャンクに関して次のような心理学的説明を施しています。

> A chunk is a unit of memory organization, formed by bringing together a set of already formed chunks in memory and welding them together into a larger unit. Chunking implies the ability to build up such structures recursively, thus leading to a hierarchical organization of memory. Chunking appears to be a ubiquitous feature of human memory.
>
> (チャンクとは記憶の構成単位であり，記憶の中で既に形成されている小さなチャンクを結合し，より大きな単位に作りかえることによって形成されます。チャンクを作り出すことは，そのような下位構造を積み上げていって結果的に記憶の階層構造を構築することです。これは，人間の記憶作業に遍在する特徴です)

これらの説明から，チャンクの対象がいわゆる定型表現に限定されるものではないことがご理解いただけると思います。学習者が耳にしたり目にしたりする通常の英語表現がチャンクの対象になり得るのです。

第 4 章　チャンク文型論の主張

　今度は，英語学習入門期に焦点を当てて，チャンクの役割を考えていきます。自身の旧著（伊東，2016, p. 44）でも紹介していますが，"This is Japan." と "This is my country." という 2 つの英文を例に取ります。前者は，単語の数は 3 つ，文の構成要素も 3 つですが，後者は単語の数は 4 つですが，文の構成要素は前者と同じく 3 つのままです。英語学習入門期の学習者には，この「4 つだけど 3 つ」ということがなかなか飲み込めないのです。実際の授業では，前者も後者も単語の意味から文の意味を簡単に想定できるため，このような文の構成要素に関わる面倒な指導は対象外となりがちです。しかし，筆者はいくら面倒でも，いくら個々の単語の意味から英文の意味が類推できても，きちんと文の構成をチャンクとの関連で考える指導がとても大切だと考えています。次の図 4-3 をご覧ください。

文	単語	文型	認知
This is Japan.	○○○	□□□	2 + 3
This is my country.	○○○○	□□□	2 + 3 × 2

図 4-3：文型の構成単位としてのチャンク

　認知的あるいは数学的には，"This is Japan." は 2 + 3 という数式として，"Japan is my country." は 2 + 3 × 2 という数式として捉えることも可能です。昔のガラ携に付いている計算機能を使って数式 2 + 3 × 2 をこのままの順番で入力すると，必ず 10 という答えが返ってきていました。今日のスマホに付いている計算機能を使えば，必ず 8 という正解が返ってきます。昔のガラ携は，言わば文型理解ができておらず，現在のスマホは文型理解ができていると考えられます。8 という正解を出すためには，頭の中で 3 × 2 を 1 つのチャンクと見なし，2 + (3 × 2) というチャンク分けを行ってから計算を行わなければなりません。現在のスマホはそれができるのです。"This is my country." も同様です。"my country" を 1 つのチャンクとして捉え，[This] is [my country]. という具合に，英文を 3 つのチャンクに分けて意味を把握するように努めることが肝心です。このように，暗記するより面倒ですが，チャンクにもとづく文型理解は後の学習を大いに助ける

86

ことになります。実際の授業の中では，ここで取り上げた2つの英文を次のような形でチャンクに分け，学習者の文型理解を支援します。

    This is Japan.   ｜
               ｝　 A is B .
    This is my country. ｜

つまり，文の主語と補語に相当する文型の構成単位をチャンクとして捉え，2つの異なる英文をどちらも「A is B」という文型の用例として捉えなおすのです。SVC や「主語+動詞+補語」と比較すると，ずいぶんシンプルな文型となっていますが，N. Ellis (2003, p. 68) は，このような文型を"low-scope pattern"と呼んでいます。

 さて，AとBのチャンクの中に様々な単語や語句が挿入可能です。第2章で述べたように，このチャンクで構成された簡単な文型から実に多種多様な英文が作成可能です。もちろん，理論的には，その数に限界があります。チョムスキーが文型を軸とした構造言語学を批判した点もそこにあります。しかし，たとえ限界があったとしても，英語学習入門期の学習者にとってはほぼ無限に近い限界であって，むしろその創造性を重視すべきと考えます。ここではAとBという記号を使っていますが，別な記号でも構いません。XとYでもよいかと思われます。言わば，いろいろな単語や語句が詰まっているマジックボックスのような存在であり，自分が教壇に立っていた時には，「ドラえもんのポケット」と呼んでいました。「A is B」という文型が伝えようとしていることは，「主語が三人称単数の場合のBe動詞は is となる」という明示的な文法規則と基本的に同じことですが，そのような規則は入門期の学習者には難しすぎます。検証はできていませんが（実際，不可能と思いますが），この「A is B」の文型の形は，入門期の学習者が獲得することが想定されている implicit knowledge（暗示的知識）に近いのではないかと考えています。

 その点はさておき，「文型の構成単位をチャンクと考える」というチャンク文型論の2つ目の主張で伝えたいポイントは，文に含まれる単語の数が多くなっても，そしてその結果文が長くなっても，文型的にはもとの文

と同じものとして捉える心構えを入門期の段階から植え付けることが大切であるということです。自然な環境でのL2学習では，ゆっくり時間をかけてこの心構えが醸成されていきますが，日本の学校英語教育のように，時間，言語環境，言語リソースが限られている外国語としての英語教育においては，ここで紹介したような形の文型を用いた教師からの働きかけが効果的であり，必須であると考えられます。

3. 学習が進むにつれて文型の形を変化させる

　わが国の学校英語教育において，伝統的な5文型が組織的に指導されるのは，現在のところ，高校1年次からとなっています。その時点で，SV，SVC，SVO，SVOO，SVOCという5つの文型が提示されますが，その後，その形が変わることはありません。5文型の組織的指導が既に学習が開始されてから数年が経過している高校段階から始まるということに関係しているからと思われます。学習指導要領でも，S，V，C，Oのような記号は使用されていませんが，「主語＋動詞＋補語」のように，5文型とほぼ同じ枠組みが使用されており，かつ，その枠組みは2020年度から開始される小学校高学年での教科としての外国語の説明の中でも使用されています。小学生にその形が提示されるとは思いませんが，指導する教師の目にはとまります。あくまで指導する側が理解しておけばよいというスタンスかもしれませんが，「補語」という概念が小学校での英語の指導において必要なのでしょうか。

　その点はさておいて，チャンク文型論においては，学習の進度に応じて文型の形そのものを変えていくことになります。伝統的な5文型や学習指導要領で扱われている文型の形が最初から最後までその形を変えないのとは対照的です。この考えは，次に示すTitone (1969, p. 45) の「生きた文法」にヒントを得ています。

> The proper object of language teaching should be 'living' grammar, for

3. 学習が進むにつれて文型の形を変化させる

learning is basically a process of growth, a construction or reconstruction process.

(言語教育の正しい目標は「生きた」文法でなければなりません。というのは, 学習というものは基本的に成長の過程であり, 構築あるいは再構築の過程だからです)

同様に, Noblitt (1972, p. 317) は, 教育英文法を "a series of synchronic statements of the student's successive approximation of the target language" つまり「学習者が目標言語へと連続的に近づいていく過程を共時的に説明したものの連続体」と定義しています。さらに最近では, 第2章でご紹介したクラッテンデン (Cruttenden, 1981) が提唱したアイテム・ラーニングとシステム・ラーニングの理論に基づき, 外国語教育を4つのステージ, つまり ① 受容のためのアイテム・ラーニング, ② 運用のためのアイテム・ラーニング, ③ 受容のためのシステム・ラーニング, ④ 運用のためのシステム・ラーニングを設定している Ringbom (2007, p. 100) も, その主張の一部は既に第3章で紹介済みですが, 入門期で提示すべき文法の姿について以下のように述べています。

The final learning stage is system learning for production, and brings up the question of what kind of grammar the learners starts out from. It is neither the L1-grammar, nor the L2-grammar, but a very simple, minimally complex grammar that is gradually developed in the direction of the TL grammar.

(第二言語学習の最終段階は, 運用のためのシステム・ラーニングであり, 学習者はどんな種類の文法から学習を開始すべきなのかという問題を提起します。それは, 母語の文法でもなく, 第二言語の文法でもなく, 非常に簡素・簡単でありながら, 徐々に目標言語の文法に向かって発展していく文法です)

つまり, 完成された大人の文法ではなく, 非常に簡素・簡単でありながら, 学習の進度に合わせて徐々に目標言語の大人の文法に向けてより高度なも

のへと形を変えていくことになるのです。チャンク文型論では，この「生きて形を変える」文法観を文型に適用しています。つまり，チャンク文型論で最初に示す「A is B」や「A like B」の文型が，Ringbom の言う "a very simple, minimally complex grammar" つまり「最大限に簡素化された文法」に相当します。加えて，「A is B」や「A like B」で表象される関係性についても固定的に捉えません。学習の進行につれて変化していくものと考えるのです。

ただ，第二言語習得研究においては，子ども自身が，インプットを理解しながら，Selinker (1972) が提唱した中間言語 (interlanguage) や，Nemser (1971) が提唱した近似体系 (approximative system) のような独自の文法システムを自ら構築していくとされていますが，インプットが非常に限られているなど，様々な制約がある外国語としての学習環境では，学習者自らがそれらの文法システムを構築していくことはあまり期待できません。教師の方からの手助けが必要だと思います。

さて，本題に返り，「A is B」と「A like B」は，Be 動詞や一般動詞の学習が進むにつれて，次のような発展形へと形を変えていきます (ピリオドは付けていません)。

$$\boxed{A}\ is\ \boxed{B}\ \rightarrow\ \boxed{A} \begin{Bmatrix} is \\ am \\ are \end{Bmatrix} \boxed{B}$$

$$\boxed{A}\ like\ \boxed{B}\ \rightarrow\ \boxed{A} \begin{Bmatrix} like \\ likes \end{Bmatrix} \boxed{B}$$

単語的には，当初の is と like の2つから，is, am, are, like, likes の5つに増えただけですが，この2つの発展形は，数え切れないほどの英文の理解を助け，産出を可能にします。Be 動詞と一般動詞の変種が示されたこの段階での学習で大切なことは，A のチャンクにくる単語や語句の種類に応じて，Be 動詞や一般動詞の形が変化することを理解することです。英語

の基礎学力のところで述べた選択能力（縦軸）を身に付けることが肝心です。英語学習の将来にわたって必要になってくる能力なので，個々の英文を暗記させるのではなく，なるほどと感じさせるような丁寧な指導が必要になってきます。否定文が導入されると，さらに次のように形を変えていきます。

$$\boxed{A} \begin{Bmatrix} \text{is} \\ \text{am} \\ \text{are} \end{Bmatrix} \boxed{B} \rightarrow \boxed{A} \begin{Bmatrix} \text{is} \\ \text{am} \\ \text{are} \end{Bmatrix} \text{not} \boxed{B}$$

$$\boxed{A} \begin{Bmatrix} \text{like} \\ \text{likes} \end{Bmatrix} \boxed{B} \rightarrow \boxed{A} \begin{Bmatrix} \text{don't} \\ \text{doesn't} \end{Bmatrix} \text{like} \boxed{B}$$

ここで1つ重要な点があります。英語学習入門期におけるチャンク文型論では，文型を伝統的な5文型のようにすべて記号で提示することはしません。述語動詞のところは当面，具体的な英単語を使用します。5文型が高校生にもよく理解されていない理由の1つが，文型がすべて記号で示されている点です。SVCやSVOをもとに英文を作り出すことは高校生でも並大抵なことではありません。しかし，上のように述語動詞の部分を実際の英単語で示すことによって，英文の仕組みを理解したり，これをもとに英文を作り出すことがより容易になります。本書で文型と構造を差別化している意義がそこにあります。さらに，一般動詞の文型の場合は，likeをplayやspeakやeatに置き換えてこの文型を提示することも可能です。理解や表現の幅が格段に広がっていきます。

4. 言語学習をチャンクの多様化と拡大のプロセスと考える

　チャンク文型論では，英語に限らず，言語の学習をチャンクの多様化と拡大のプロセスと捉えます（伊東，1982）。まず，チャンクの多様化から説

第 4 章　チャンク文型論の主張

明します。「A is B」の A のチャンクには，this, that, it, he, she などの代名詞や，Mike や Nancy などの人名や Japan や Osaka といった地名など，多彩な(代)名詞が来ます。B のチャンクにも Kumi などの人名や Finland や Helsinki などの国名や地名，さらには great や nice のような形容詞など，実に多彩な単語が来ます。このようにして，学習が進むにつれてチャンクの多様化が図られるのです。ただ，このチャンクの多様化は，A や B のチャンクに英語の単語であれば何でも入るということにはいきません。例えば，B のチャンクには，a book は入りますが，books は入りません。第二言語習得研究における用例基盤理論 (Tomasello, 2003; 2009) では，このあたりの規則を子どもが豊富な文例に晒されるなかで自身の認知能力を活用しながら理解していくと主張されていますが，日本の学校英語教育においては，様々な制約のため，なかなかそのようには事が進みません。最低限の文法用語と多様な用例を示すなかで，子ども達に A や B のチャンクに入る英語，入らない英語を少しずつ理解させていくのが教師の重要な仕事になります。

　次は，チャンクの拡大です。この点も自身の旧著 (伊東, 2016, p. 45) で紹介済みですが，例えば，以下の (a) から (g) までの英文を見てください。

(a)　This is a camera.
(b)　This is a nice camera.
(c)　This is a camera made in Japan.
(d)　This is the camera I bought in Japan.
(e)　This camera is very expensive.
(f)　This new camera is very easy to handle.
(g)　All you have to do is to press this shutter.

すべて「A is B」の文型の用例となっていますが，このままでは学習者に理解させるのは困難です。A と B のチャンクを四角で囲ってみます。

(a)　This is a camera.

4. 言語学習をチャンクの多様化と拡大のプロセスと考える

- (b) |This| is |a nice camera|.
- (c) |This| is |a camera made in Japan|.
- (d) |This| is |the camera I bought in Japan|.
- (e) |This camera| is |very expensive|.
- (f) |This new camera| is |very easy to handle|.
- (g) |All you have to do| is |to press this shutter|.

こうすると，上の (a) から (g) の用例がすべて「A is B」の文型の用例となっていることが理解しやすくなります。ここで注意すべきところは，A と B のチャンクが徐々に拡大している点です。入門期の学習者にとっては，(a) から (b) に変化しただけで，つまり単語が 1 つ増えただけで，全く別の英文に見えてきます。しかし，学習が進むにつれて，(a) から (g) までの英文がすべて同じ文型に属し，上級の学習者になると (g) の英文 (10 語) も (a) の英文 (4 語) と同じように理解し，産出することが可能になります。このように，学習が進むにつれて，A と B のチャンクが拡大していくのです。では，もう少し長い文に挑戦してみてください[2]。

- (h) All our children play cowboy and Indian; the brave and honest sheriff who with courage and a six-gun brings law and order and civic virtue to a Western community is perhaps our most familiar hero, no doubt descended from the brave mailed knight of chivalry who battled and overcame evil with lance and sword.

セミコロン以下に注目してください。単語の数は全部で 47 語ですが，なんと 1 つの英文です。(a) の "This is a camera." (4 語) から学習を始めた学習者も，上級になるとこの長い英文を正確に理解できるようになるのです。

しかし，学習者すべてが正確な理解にたどり着けるわけではありません。正確に理解するためには，この長い英文も「A is B」の用例として捉える必要があります。その文型の核として機能している is を瞬時に突き止める

第4章　チャンク文型論の主張

力が必要になってくるのです。大学の授業でも受講生に紹介していますが，いつも次のように説明しています。「英語の文はどんなに長くなっても，等位接続詞で繋がれた重文でない限り，最も大切な動詞，つまり5文型のVとして機能する動詞は1つしかありません。それを探してください」と。その一番大切な動詞を見つけるためには，Aのチャンクに相当する部分とBのチャンクに相当する部分を正確に把握する必要があります。つまり，次のような文型理解が必要とされます。

> the brave and honest **sheriff** who with courage and a six-gun brings law and order and civic virtue to a Western community

is perhaps

> our most familiar **hero**, no doubt descended from the brave mailed knight of chivalry who battled and overcame evil with lance and sword.

なんとAチャンクには22語，Bチャンクには23語が含まれています。最初に示した"This is a camera."と比較して，Aチャンクが1語から22語に，Bチャンクが2語から23語に拡大しているのです。

　ただ，ここでこの長い英文の理解が終了するわけではありません。次に，AチャンクとBチャンクの中で最も大切な名詞，AチャンクとBチャンクの核となる名詞を探させます。するとsheriffがheroであるという基本的な理解に辿り着くことができるのです。関係代名詞や前置詞や過去分詞を使った後置修飾などの文法装置が，このチャンクの拡大に寄与しています。それらの文法装置についての理解を深めることも大切ですが，英語の真の学力とは，この長い47語からなる英文を，わずか4語で構成されている"This is a camera."と同じように理解できる力です。

　このように，チャンク文型論においては，最初は This is a camera というかんたんなチャンクからスタートしますが，学習が進行するにつれて，

94

徐々にチャンクの中身が多様化され，拡大されていきます。言語学習はチャンクの多様化と拡大のプロセスなのです。教師の仕事は，そのプロセスがスムーズに進行するように教育的介入を行うことです。

5. 文型を英文理解だけでなく英文産出のためにも活用する

　文型と言えば，伝統的な5文型がすぐに脳裏に浮かんでくる読者が多くいらっしゃると思いますが，主に英文法指導の一環として英文を分類するための手段として，あるいは読解指導の中で難解な英文の理解を支援する手段として活用される傾向にあります。チャンク文型論においては，英文の分類に使うのは論外として，文型は英文理解のためだけでなく，英文産出のためにも積極的に活用されるべきだと考えます。柳瀬 (2012, p. 63) は，学習英文法には「学習者がそこから発展しどんどん英文を生成できるような仕組み・仕掛け」が必要であると述べていますが，筆者は入門期においては学習（教育）英文法の中でも文型こそがその役割を担うことになると考えています。

　既に第2章で，英語の基礎学力は基本的に選択能力（縦軸）と整列能力（横軸）で構成されると述べましたが，この2つの能力はまさに英文産出つまり学習者に文型を使ってアウトプットさせる活動をとおして最も効果的に育成できると思います。英語教育におけるアウトプットと言えば，すぐに Swain (1985; 1995; 2000) のアウトプット仮説が引き合いに出されます。Swain (1995) は，第二言語学習において，アウトプットには次のような3つの機能があると述べています。

① 気付きを促す機能
② 仮説検証の機能
③ メタ認知を促す機能

これら3つの機能の詳細な説明は Swain の著作に譲るとして，ここでは，

第4章 チャンク文型論の主張

　このアウトプット仮説は，基本的にカナダの仏語イマージョン・プログラムで学ぶ学習者の文法力をよりネイティブなレベルまで引き上げるための方策として提唱されている点を指摘しておきます。自分自身もカナダのイマージョン・プログラムに関して研究してきましたが (伊東, 1997)，Swain が念頭に入れている学習者は，幼稚園あるいは小学校の段階から第二言語であるフランス語で教科内容を学習してきた高校生です。なるほど，イマージョンの専門家にとっては，これらの高校生のフランス語，特にスピーキング能力はまだまだネイティブのレベルに達していないかもしれませんが，日本人の研究者にとっては，それこそうらやましいと思えるほどの能力です。筆者自身いくつか高校レベルのイマージョン授業も参観する機会がありましたが，それらの授業ではなるほど Swain が述べているように，学習者は comprehensible input つまり「理解可能なインプット」(Krashen, 1982) を大量に受け取っていますが，comprehensible output つまり「理解可能なアウトプット」は少なかったようです。Swain は，早くからイマージョン・プログラムで学んできた高校生のフランス語能力，特にフランス語を文法的に正確に運用する能力がネイティブのレベルに達していないのはこの comprehensible output が不足しているからであり，その欠陥を補うための手段として教室内で，フランス語でアウトプットする機会をもっと増やすべきだとして，アウトプット仮説を提唱するに至りました。

　このように Swain のアウトプット仮説は，日頃から意味中心の授業をうけている学習者の文法能力をさらに一段と引き上げる手段として提唱されたものであり，学習開始当初より文法シラバスで学習している日本の英語学習者にそのまま適用することはできません。筆者自身，日本の英語学習者にもアウトプットを増やすことは必要と考えていますが，日本の英語学習者に対してのアウトプットは，Swain が提唱している3つの機能とは異なる機能を有していると考えます。具体的には，以下のような3つの機能を考えています (伊東, 2008)。

① 言語学習の視点から
　　アウトプットには，受け身的な知識を能動的な知識に変える機能，

より専門的には宣言的知識（declarative knowledge）を手続き的知識（procedural knowledge）に変える機能が備わっています（Anderson, 1983）。
② 言語使用の視点から
アウトプットは，英語でのコミュニケーションを体験する機会を学習者に提供します。そこには「使うために学ぶ」から「使いながら学ぶ」への方向転換が意図されています。
③ 情意面の視点から
アウトプットは，英語を使うことへの自信を学習者の中に醸成し，合わせて，英語及び英語学習への積極的態度の育成を促します。

これら3つのアウトプットの機能は，入門期においては文型を使って英文を産出させることによっても活性化することは可能だと思います。

さて，アウトプット（英文産出）のための文型の活用と言えば，すぐにAudiolingual Methodで推奨されていた文型練習（pattern practice）が思い出されます。20世紀中頃から1970年代ぐらいまで外国語教育において主流を形成していた指導法でした。ミシガン大学の英語研究所の所長を勤めたフリーズ（Fries, 1945）やその元で学んだ山家（1972）によって日本にも伝えられ，広げられていきました。Audiolingual Methodが目指す習慣形成のための軸として位置付けられていた文型練習では，次に示すような置き換え表（substitution table）がよく活用されました。あくまで筆者が説明のために作成した置き換え表です。

| I
We
They | want | to go to | Kyoto
New York
Canada | every
next | August
summer
year |

"I want to go to Kyoto every August." をモデル文として，教師から出されるキューをもとに，次々に新しい英文を産出していくことになります。こ

第4章 チャンク文型論の主張

の簡単な置き換え表からは，後半の3組のスロットに含まれる単語を置き換えるだけで，次に示すように18個の英文が産出可能です。

1. I want to go to Kyoto every August.
2. I want to go to Kyoto every summer.
3. I want to go to Kyoto every year.
4. I want to go to Kyoto next August.
5. I want to go to Kyoto next summer.
6. I want to go to Kyoto next year.
7. I want to go to New York every August.
8. I want to go to New York every summer.
9. I want to go to New York every year.
10. I want to go to New York next August.
11. I want to go to New York next summer.
12. I want to go to New York next year.
13. I want to go to Canada every August.
14. I want to go to Canada every summer.
15. I want to go to Canada every year.
16. I want to go to Canada next August.
17. I want to go to Canada next summer.
18. I want to go to Canada next year.

これに加えて，主語をIからWeとTheyに置き換えることによって，さらに36個の英文が産出可能であり，合計で54個の英文が産出可能です。54個におよぶ英文を産出する過程で，上記の置き換え表で示された文型が定着すると考えられていました。産出される英文の数から判断する限り，実に生産的な活動です。この文型練習をさらに強力に推し進める手段として登場してきたのがLL教室（Language Laboratory）でした。狭いブースの中で，ただひたすら聞こえてくるキューに合わせて，使用する単語を少しずつ変化させながら，目標となっている文型を何回も繰り返すことで，その文型が学習者の中に定着すると考えられていました。

ただ，このように極めて生産的な文型練習にも問題がありました。練習

5. 文型を英文理解だけでなく英文産出のためにも活用する

が極めて機械的になってしまうのです。英文の一部を他の単語に置き換えるだけで，ほぼ無意識的に新しい英文が産出可能です。先ほど紹介した置き換え表を再度ご覧ください。選択肢がある 4 つのスロットの中のどの単語を選んでも，文法的に間違った英文が産出されることはないのです。ということは，各スロットに含まれるどの単語を選択しても，ほぼ無意識的に文法的に正しい英文が作れるのです。誤りは生まれないのです。Audiolingual Method では，誤りを生み出す文型練習は極力避けられました (Brooks, 1964, p. 58)。誤りを生み出さない練習が理想とされていました。誤りは間違った習慣形成に繋がると考えられていたからです。

さらに，機械的に学習しているため，教室で習ったことが必ずしも実際のコミュニケーションの場ではスムーズに使えないのです。教室ではうまく産出できたのに，実際のコミュニケーション場面では使えないというジレンマを学習者は感じることになります。加えて，Audiolingual Method の理論的基盤を形成していた構造言語学と行動主義心理学が変形文法の創始者であるチョムスキーによって徹底的に批判されたことも手伝って，置き換えを軸とした文型練習は徐々に下火になっていきました。

しかし，文型を使って発話活動を行うこと自体は決して間違った指導法ではなかったと思います。チョムスキー及び彼の支持者によって学問的に否定されたにも拘わらず，文型練習が生み出されたミシガン大学では，若干形を変えながらも留学生を対象とした ESL (English as a Second Language) コースで長く使用され続けたようです (Silberstein, 1987, p. 29)。日本の英語教育のように，英語を使ってのコミュニケーションを日常生活で体験することが難しい教育環境においては，なおさらのこと，英語でのアウトプットを学習者に保証するため，学習者が英語での発話に慣れるためには，有効な手段であったし，今もそうだと考えています。

要するに，Audiolingual Method で広く援用された文型練習が下火になったのは，教育効果が上がらなかったというよりも，むしろ学問的支持を失ったからだと言えます。加えて，形式 (form) よりも意味 (meaning) を，正確さ (accuracy) よりも流暢さ (fluency) を重視する CLT (Communicative Language Teaching) の出現が，その凋落傾向に拍車をかけました。しかし，

文型練習の背後にある "Practice makes perfect." という精神は今もなお死んでいません (DeKeyser, 2007)。習慣形成 (habit formation) は自動化 (automatization) という概念で復活しています (Johnson, 1996, p. 89)。第二次大戦後，アメリカより我が国に導入された文型練習は，外国語としての英語教育という環境の中で僅かながらもアウトプットを保証するという意味ではそれなりの効果があったと思います。しかしながら，いかんせん，その方法が必ずしも適切ではなかったと思われます。では，どういう方法が文型産出に活用する方法として適切なのでしょうか。その1つの方法として，本書では和文英訳を活用して意識的・認知的な文型練習を展開することを提案します。

6. 和文英訳で意識的・認知的な文型学習が可能になる

前節で紹介した置き換えを軸とした文型練習は，外国語としての英語教育という環境の中で僅かながらもアウトプットを保証するという意味ではそれなりの効果があったと思います。ただ，残念ながら，あまりに機械的で無意識的な学習が志向されていました。前節で紹介した Audiolingual Method で広く活用されたであろう置き換え表を再度ご覧ください。この表を使っての文型練習のねらいは，一見，正しい副詞句の選択にあるように思えますが，実は練習のねらいは want to の不定詞表現なのです。この文型練習に従事している間，学習者の注意は，教師から出されるキューに集中するため，自然に副詞句の選択に向けられ，want to の不定詞表現には向けられることはありません。学習者の意識は置き換え対象の語句に向けられますが，実際に学んでほしいところは want to の不定詞表現なのです。Lado (1964, p. 106) によると，それこそが文型練習の正規のねらいとなっています。

The cues that control the changes in each succeeding response are chiefly not at the problem point of pattern. This may seem paradoxical, but it is

6. 和文英訳で意識的・認知的な文型学習が可能になる

in effect a highly important feature of pattern practice. When the student expects a change at the crucial point, his attention will be on it, and his habit system is not involved. By fixing the changes elsewhere, the teacher forces the student to focus his attention away from the crucial point, and to carry the pattern increasingly through habit response.

(すぐ後に続く反応の中の変形を管理するキュー[教師が文型練習中で出す置き換え用の語句]は、大概、文型の要点に係わってはいません。この点は一見逆説的に思えるかもしれませんが、実際は文型練習における特に重要な特徴です。もし学習者が文型の要点での変形を期待すれば、学習者の注意はその要点に向けられ、習慣形成システムは起動されません。変形を要点以外のところで行わせることによって、教師は学習者の注意を強制的に要点からそらせ、文型全体を習慣形成の中で徐々に定着させようとするのです)

つまり学習の目標となる項目の無意識的な習慣形成が目指されているのです。明示的指導(explicit instruction)の中での暗示的な学習(implicit learning)が意図されていたとも言えます。このように、Audiolingual Methodにおける文型練習は、置き換えなどによって文型を何回も繰り返すことによって知らず知らずのうちにその文型が習慣として定着されるという前提で考案されたものでした。しかし、日本の学校英語教育のように、様々な制約がある外国語としての英語教育においては、文型指導ももっと意識的で認知的なものに変えて行く方がよいと思います。チャンク文型論では、文型を英文産出に活用する1つの方法として、置き換えを軸とするAudiolingual的な文型練習ではなく、文型を意識した和文英訳が有効であると考えます。それによって意識的・認知的な文型学習が可能になると考えるからです。Audiolingual的な文型練習では、置き換えのためのキュー(英語の単語と語句)が教師から提示されます。そのキューとして提示された英単語や語句を使って一部だけ修正された英文を産出していきます。文全体の意味を考えなくても、目標となる英文は産出可能です。文型練習が機械的・無意識的にも実行可能となる大きな理由です。

一方、チャンク文型論で行われる和文英訳の形式での文型学習では、完全な日本語の文が提示されるため、否応なしにこれから表現しようとして

いる内容を頭に思い浮かべることができます。今日，我が国で使用されている中学校用英語教科書にもドリル的な文型練習が用意されていますが，多くの場合，イラストなどがキューとして機能しています。これも1つの方法ですが，チャンク文型論では，完全な日本語文をキューとして提示することになります。ことばの大きな力は，聞き手あるいは読み手の中にそれが伝えようとしているイメージを瞬時に創出してくれる点にあります。学習者も，日本語文を聞いたり見たりして，即座にその文が伝えようとしているイメージを頭の中に思い浮かべることができます。そのイメージを思い浮かべながら，かつ文型を意識しながら，英語の文を作っていくのです。和文英訳は単に日本語を英語に置き換えるだけの作業ではありません。その置き換え作業はイメージによって媒介されるのです。イメージの創出がほぼ瞬時に行われるため，普段はあまり意識されないと思いますが，和文英訳は決して無味乾燥な学習形態ではありません。

　ただ，外国語教育において学習者の母語を使用することには，以前から様々な意見が表明されており，古くから論争の的になってきました (伊東, 1979, pp. 310–319)。今日では，2020年度から完全実施される次期中学校学習指導要領において，「生徒が英語に触れる機会を充実するとともに，授業を実際のコミュニケーションの場面とするため，授業は英語で行うことを基本とする」(文部科学省, 2018c, p. 151) と記載されているように，文部科学省は教室での母語の使用に対しては否定的な姿勢を取っています。しかし，海外に目を向けると，外国語教育における母語の使用が復権の兆しを見せています (Butzkamm, 2003; Liao, 2006; Cook, 2010; Copland & Neokleous, 2011)。例えば，母語使用の主要な形態である翻訳について，Cook (2010, p. xx) は，次のようにその教育的価値を高く評価しています。

> An ability to translate is part of everyday bilingual language use—in personal, professional, and public life—and is needed by all learners, not just translation specialists.
>
> (翻訳能力は，個人的・職業的・公的生活における日常の二言語使用の一部であり，翻訳の専門家だけでなく，すべての学習者に必要とされている能力です)

6. 和文英訳で意識的・認知的な文型学習が可能になる

このように，翻訳を母語の干渉を促進するネガティブな活動としてではなく，母語と外国語の間の言語切り替え (code-switching) と見なし，かつ，それは外国語の教室の中だけでなく，実社会においても必要とされる極めて自然でかつ有用な行為と考える方がよさそうです (伊東, 2016)。さらに最近では，code-switching の枠を超え，学習者の中に存在する複数の言語がもつ資源をグローバル社会でのコミュニケーションにおいて有効活用することの意義を強調する translanguaging (García & Wei, 2014) や，translingual practice (Canagarajah, 2013) という新しい概念も出現しており，J. Anderson (2018) はこの観点から今日の外国語学習者を捉え直す必要性を強調しています。

国内に目を移すと，柳瀬 (2012, p. 64) は「日本語文法の有効活用は，英文法を体現した表現を生成しやすくするという主目的を果たしながら，日本語への洞察も深まるという副産物も生み出します」と述べ，学習 (教育) 英文法における日本語文法の効果的活用を主張しています。さらに，福地 (2012, p. 217) も「英語を読むのに英文法が必要であるのと同じく，あるいはそれ以上に，英語を書くには英文法が必要」であるという立場から，「英文法の規則にしたがって日本語を英語に移す」いわゆる「和文英訳」の方法を再評価しています。英語の文型を「意味の順番」で考える田地野 (2011, 2012) の取り組みも日本語の知識を活用しているという点では同一線上にあると思われます。

しかし，ただ和文英訳の対象となる日本語文を学習者に提示し，いきなり英語に訳させるだけでは，能動的な文型知識は育成できません。そのための具体的方法を説明します。入門期の範囲を超えているかもしれませんが，もし，中学校 3 年生を担当されていれば，以下の日本語文を英語に訳すように指示してみてください。

① これは僕の友人です。
② 僕の友人はロンドン出身です。
③ 私たちの新しい英語の先生はボストン出身です。
④ あそこでサッカーをしている少年は僕の弟です。

第4章　チャンク文型論の主張

⑤　これは僕がニューヨークで買ったＴシャツです。

察しのよい生徒であれば，これらの日本語文がすべて

　　　Ａ　は　　Ｂ　です。

という日本語の文型に属することを見抜くでしょう。それでも正しい英文を産出できるとは限りません。仮に日本語文の中に存在する見えない関係性に気づいても，それを英語の文型に置き換える方法が分からなければ，正確な英文は産出できません。そこで，次のような指導を，手順を追って行ってみてください。

1)　まず，上に示した日本語の文型を提示します。

　　　Ａ　は　　Ｂ　です。

2)　次に，①から⑤の日本語文において，　Ａ　と　Ｂ　のチャンクに相当する部分を四角で囲むように指示します。その結果は，次のようになります。

① これ は 僕の友人 です。
② 僕の友人 は ロンドン出身 です。
③ 私たちの新しい英語の先生 は ボストン出身 です。
④ あそこでサッカーをしている少年 は 僕の弟 です。
⑤ これ は 僕がニューヨークで買ったＴシャツ です。

3)　次に，①から⑤の日本語文の下敷きになっている文型とそれに相当する英語の文型を提示します。

　　日本語：　　Ａ　は　　Ｂ　です。

6. 和文英訳で意識的・認知的な文型学習が可能になる

英　語：　A　is　B　．

4) ①から⑤の日本語文の　A　と　B　のチャンクの内容を英語に変換するように指示します。そして，それらが正しく変換されているかどうか口頭で確認します。

5) 日本語文の　A　と　B　のチャンクの内容が正しく英語に変換されていることを確認したあとで，それらを英文の　A　と　B　のチャンクの中に挿入し，完全な英文を産出するように指示します。結果的に，次のような英文が産出されることになります。

①′ This is my friend.
②′ My friend is from London.
③′ Our new English teacher is from Boston.
④′ The boy playing soccer over there is my brother.
⑤′ This is a T-shirt I bought in New York.

6) 最後に，産出された①′から⑤′の英文の中で，　A　と　B　のチャンクに相当する部分を四角で囲むように指示します。

①′ |This| is |my friend|.
②′ |My friend| is |from London|.
③′ |Our new English teacher| is |from Boston|.
④′ |The boy playing soccer over there| is |my brother|.
⑤′ |This| is |a T-shirt I bought in New York|.

こうすることによって，やっと英語の文型（　A　is　B　）を使って正確な英文を産出するという作業が完結します。ここに示したのはあくまで，日本語の知識を活用しながら，文型に沿って英文を作成していくための1つの方法です。Audiolingual Method で推奨されていた文型練習（pattern

105

第4章 チャンク文型論の主張

practice) よりも意識的・意図的で，極めて認知的な活動であることがご理解いただけたと思います。もちろん，この種の活動を毎時間行う必要はありません。生徒の文型理解が少しあやふやになってきたと思われたときに適宜行ってみてください。

　筆者も20代後半から30代前半まで中学校で教鞭を執っていましたが，その当時，まだチャンク文型論という名称は使っていませんでしたが，チャンクを活用した文型指導を，中学校1年生を対象に実践していました（伊東, 1982）。その指導の中で特に力を入れていたのが，毎日の英作文（和文英訳）の宿題です。新出構文を学習した授業の宿題として，その新出構文を使った和文英訳の問題を毎回5問から10問程度出していました。生徒達は解答となる英文をノートに書いてくることになっていました。既にその当時の資料は残っていないので，記憶を辿るしか方法はありませんが，仮に中学1年次の授業で「A has B」の文型を学習した場合には，以下のような和文英訳を宿題として出してみてください。

　教科書の英文：My father has a lot of Japanese friends.[3]
　和文英訳の課題：
　　① 私たちの学校にはすてきな図書館があります。
　　② 私たちの学校には英語の先生が9名いらっしゃいます。
　　③ 私たちの学校には大きな運動場があります。
　　④ 私たちの町にはプロ野球のチームがあります。
　　⑤ 私たちの町には有名な公園があります。
　　⑥ 私たちの町には七つの川が流れています。
　　⑦ 私たちの国には山がたくさんあります。
　　⑧ 私たちの国には長い歴史があります。
　　⑨ 私たちの国には多くの神社とお寺があります。
　　⑩ 私たちのクラスには男子が20名，女子が20名います。

中学1年次ではまだThere is構文を習っていない段階なので，なかば無理矢理「A has B」の文型で英訳させることになります。英語的には不自然

な英文も産出されることになるかもしれませんが，初級段階の学習者が生み出す英文としては許容範囲かと思われます。語彙は基本的に既習のものを使うこととしますが，未習の語彙が含まれている場合は，和英辞典を使って日本語に相当する英単語を見つけるように指示してみてください。

既に気付かれている読者もいらっしゃると思いますが，和文英訳の問題文は「A has B」から自然に想起される「A は B をもっています」の形になっていません。そこで，生徒達には与えられた日本文を「A has B」の文型で英作文を行うため，英語に訳す前に一度頭の中でこれらの日本語文を「A は B をもっています」の形に置き換えて，「A has B」の文型に合致するように英文を作成するように事前に指導しておくと効果的です。和文英訳の前に和文和訳を行わせるわけです。例えば，問題文 ① を英訳する場合，次のような手順を踏むことになります。

日本語問題文： 私たちの学校にはすてきな図書館があります。
第 1 ステップ： 私たちの学校はすてきな図書館を持っています。
第 2 ステップ： 私たちの学校 は すてきな図書館 を持っています。
第 3 ステップ： 私たちの学校 has すてきな図書館 。
第 4 ステップ： Our school has a nice library.

とにかく，和文英訳の宿題用に利用する日本語文を考える場合には，まずは日本語として自然なものにしました。つまり，生徒達が頭の中で自然に想起するような日本語文にしました。

古典的な方法で，生徒の自発的な発話を重視する最近の教授法にはそぐわないと思われるかもしれませんが，日本人英語学習者が英語を話そうとするとき，まずは日本語で言いたい内容を考えるので，実際のコミュニケーションのプロセスに合致した方法とも言えると思います。日本語を英語に変えていこうとするなかで，英語に関する気付きも生まれます。かつ，学習者がこれまで培ってきた母語能力も活用することができます。キューとして出される日本語文は，単なる英訳のための問題文として働くのではなく，英語で発話しようとしている内容のイメージを学習者の心の中に想

起させるのに役立ちます。もちろん，パソコンソフトを使ってスクリーンに関連する写真などを示して英文が伝えようとしている内容をイメージさせることも効果的だと思いますが，教室にスクリーンがない場合もあります。そんな場合，日本語文の提示は学習者の中にイメージを作り出すのに極めて効率的で効果的な方法です。単に口頭で英文を発表させるのではなく，話し相手を想定し，その人に話しかけているように英文を言わせるとさらに効果的です。自分の大学時代の恩師である故垣田直巳先生から，鏡に向かって英語を話す練習つまり Talk to yourself を実行しなさいと教わりました。LL 教室でブースに囲まれて，ヘッドフォンのマイクに向かってひたすら英文をつぶやく Audiolingual 的な方法よりは何倍も効果的だったことを思い出します。いずれにしても，ここで紹介した母語を活用した意図的で認知的な文型指導の方法は，決して機械的学習（rote learning）ではなく，文型を意識しながら多様な英文を産出していく中で，文型を軸とした類推力や活用力が育成できると考えています。

　一方，Audiolingual Method での文型練習では学習者の母語は使用されません。理論的に母語の使用を忌避していたわけですが，母語が使用できない現実もありました。アメリカの大学で Audiolingual Method 型の文型練習を使って指導された英語クラスは，様々な国々からやってきた留学生が主体で，そもそも学習者の母語を使うことが不可能だったのです。そのような事情を無視して，流行の指導法を日本の学校英語教育に取り入れても，上手くいくはずがありません。

　チャンク文型論においては，筆者の実践の中でも行われていたように，書くことを重視しています。福地（2012, p. 229）は，学習（教育）英文法と英語を書くことの関係について，以下のように述べています。

> 学習英文法は規則の羅列で無味乾燥だと言われることがありますが，日本語をもとにして英語を「書く」という能動的な作業のなかで英文法の規則を実際に使ってみると，日本語らしさと英語らしさを漠然と感じるだけでなく，それが文法のどの部分にあるのか，あらためて確認できると思います。

6. 和文英訳で意識的・認知的な文型学習が可能になる

　この引用の中の学習英文法をそのまま文型に置き換えても，正鵠を射ていると言えます。思い起こせば，自分が高校生の時に使った英語教科書の1つが，確か『Grammar and Composition』というタイトルではなかったかと記憶しています。文法と作文が一体化した教科書を使って，英作文を通して文法を学んだおかげで，英文法の知識が確実に身についたようです。現在の仕事に就けたのもそのお陰だと感謝しています。

　「塵も積もれば山となる」ではないですが，自分自身の実践では，度々この種の和文英訳の宿題を出していましたので，1年間の学習で大学ノートが数冊にもなりました。生徒達各自のノートには，後で紹介する中学1年次での学習のミニマム・エッセンシャルズ（Minimum Essentials）を文型の形でまとめたものを貼らせていました。英文を書き終えると，必ず，ノートに貼ってある文型の形に合致しているかどうか確認もさせました。もちろん，すべての生徒に有効だったとは思いませんが，多くの生徒にとってはその時の学習が後の学習の糧になったようです。ある生徒は，高校卒業後に国立の某外国語大学に進学していきましたが，帰省した折に中学校1年の時の文型に基づく作文指導が大学での学習に大いに役立っていると語ってくれたことが今も強く脳裏に残っています。

　我々の仕事は，生徒を英語母語話者に変えることではありません。第2章で紹介したStern (1983, p. 346) のDual-Icebergモデルを日本人英語学習者用にアレンジした山田 (2005, p. 75) のモデルが示しているように，我々の目的は，母語である日本語に加えて，適宜用途に応じて英語を活用できるようにすることであり，決して，完全なバイリンガルを育てることではありません。日本人英語学習者の主言語は日本語です。英語で考える（thinking in English）は理想であって，日本人英語学習者はまずは日本語で内容を考え，構成し，それを英語に言語化して行かざるを得ません。たとえ最終的に産出された英語が稚拙であっても，学習者の言語生活はそれだけでも格段に豊かになります。これは，義務教育の段階で母語以外に2つの言語の学習を域内のすべての子ども達に保証することを目指す「母語＋2言語」を旗印とするEU（欧州連合）の言語政策の根幹をなす複言語主義（plurilingualism）に相通ずるところがあります。複数の言語を自由に操れる能力の

育成を目指す多言語主義（multilingualism）と異なり，複言語主義は，あくまで母語を基軸としながら，いくつかの外国語を学習することによって，個人の言語生活を豊かにするだけでなく，ヨーロッパにおける言語と文化の多様性を堅持することが目指されています。日本の外国語教育にも取り入れたい視点です。

7. まとめ

　本章では，チャンク文型論の主張として，①学問的整合性よりも学習効果を優先する，②文型の構成単位をチャンクと考える，③学習が進むにつれて形を変化させる，④言語学習をチャンクの多様化と拡大のプロセスと考える，⑤文型を英文理解だけでなく，英文産出のためにも活用する，⑥和文英訳によって意識的で認知的な文型学習が可能になる，という6つの主張を提示しました。伝統的な文型指導とはずいぶん趣を異にしていると思います。多くの英語教師は，文型と聞けば，伝統的な5文型を想起すると思います。その5文型は，現在のところ，高校1年次から明示的に指導されていますが，大概，文法の授業の中で，様々な英文を型に分類するための手段として指導されているのが現状です。もちろん，英文の理解や産出を補佐する手段として利用されている場合もあるとは思いますが，大概は文法学習のために教えられているのが現状ではないでしょうか。どの英文がどの文型に属するのかという知識は，大学で英語を専門的に学ぶ学生には必要な「宣言的知識」（Anderson, 1983）かもしれませんが，その知識が英語でのコミュニケーション能力に繋がるという保証はありません。多くの学習者が文型への興味を持てないのも不思議ではありません。
　一方，文型の構成単位をチャンクと考え，英語学習はそのチャンクの多様化と拡大のプロセスであるというチャンク文型論の理念は，学習者が英文を理解したり，産出したりするために必要な英語の仕組みを習得していく上で大きな力を発揮します。しかしながら，今日，英語学習の入門期・初級段階において使用されている教科書が会話中心に編集されているため，

7. まとめ

インプットして学習者に提示される英文が比較的短く単純で,わざわざ文型を考えなくても,個々の単語の意味つまり日本語の単語を繋げるだけで大体の文意を理解することが可能となっています。

例えば,"My name is Kumi." という英文に学習者が教科書の中で遭遇したと仮定しましょう。「My＝私の」「name＝名前」「Kumi＝久美」という単語レベルでの意味情報だけで文意は掴めます。そのため,従来の中学校での英語授業では文型指導はそれほど熱心には行われてこなかったと思います。学習者も文型理解の必要性をさほど感じてこなかったと思います。

英語が苦手な学習者は,教科書の中の英文を,それこそ定型表現 (formulaic language) としてまるごと覚えようとします。教科書に含まれるインプットの少なさがその学習方略を助長しています。また,ここ数十年,日本の英語教育のパラダイムを形成してきたCLT (Communicative Language Teaching) の影響で,英文の内部構造を理解するということよりも,その英文や英単語を使って,とりあえず情報の授受を行わせることに焦点が当てられたコミュニケーション活動を実施することに指導の主眼が置かれてきた傾向もあります。その中で,時として,コミュニケーションと文法あるいは文型は対立概念として捉えられる傾向もありました。

さらに,教える側にも,英語が苦手な学習者には文型理解（関係学習）は不要であるという意識が存在しているのではないでしょうか。覚えること（連合学習）が英語を苦手とする学習者にとっては一番とりつきやすい学習法であり,言わば一番思いやりのあるやさしい指導法であるという感覚が存在しているように感じられます。なるほど,語彙に関しては覚える学習が最適な学習方法だと思います。しかし,それを文法の学習に適用することは賢明な方法ではありません。もちろん,学習当初は英文も1つの定型表現として扱うことも可能です。しかし,そこにいつまでも留まっているわけにはいきません。実のあるコミュニケーションに必要な言語的創造力を培うためには,文型理解を核とした関係学習が必須です。英語学習入門期の段階から英文の中に存在する見えない関係性に気付かせることが英語教師にとっての重要な役割だと考えられます。

なるほど,ふんだんに与えられる理解可能なインプットをインテイクに

第4章　チャンク文型論の主張

変えていく中で，無意識のうちに英文の中の関係性に気付いていく学習者もいるかもしれませんが，日本の学校英語教育ではこの種の implicit learning（無意識的学習）は生起しにくい状況にあります。文型が示す英文の背後に隠れている関係性を学習者に気付かせること，そのための方法として，学習者のレベルに合致した文型の「見える化」を図る必要性を痛感しています。文型の構成単位をチャンクと見なし，外国語学習をチャンクの多様化と拡大のプロセスと考える文型指導をとおして，学習者は徐々に英文の中に存在する関係性に気付いていきます。従来の文型指導では，英文の分類や英文理解や産出の正確さに寄与するという側面が強調される傾向にあり，英語の学習を支援し，促進するという，学習者の視点に立った指導が必ずしも十分ではなかったと思われます。チャンク文型論はあくまで学習者のための文型指導を目指します。

注

(1) 枡矢・福田（1993, p. 1）は，学校英文法と科学英文法を区別し，前者を「英文を読む・書く・話す・聞くための基礎作りをするために，英語の「きまり」を整理してまとめたもの」，後者を「単に言葉の「きまり」をまとめただけでなく，言語のいろんな点に関して，さまざまな疑問に明確に答えられるように，言葉のきまりとそのきまりが働く仕組みを整理したもの」と定義しています。教育英文法は，この学校英文法とほぼ同義に使用されています。

(2) Steinbeck, J. (1966). Paradox and dream. In *America and Americans* (pp. 29–34). London: Heinemann.

(3) 中学校用英語教科書 *One World English Course I*（教育出版，2016 年度版），Lesson 5, p. 64 からの引用です。教科書では主語が he となっていますが，文脈を考えて My father に変更しています。

第5章

チャンク文型論の展開

　本章では，英語学習入門期でのチャンク文型論の具体的な展開方法を紹介します。現段階では，中学1年次を想定していますが，2020年度から完全実施される次期小学校学習指導要領によって，小学校の高学年から英語が教科として指導されることを考えれば，工夫次第で小学校高学年での指導にも活かせると思います。なお，説明の都合上，「主語」「動詞」「補語」「目的語」という文法用語を使いますが，学習者にこれらの文法用語を提示する必要はありません。チャンク文型論を小学校での指導に適用する場合は，なおさらです。

1. Be動詞文の場合

(1) チャンクの導入

　Be動詞文では，学習指導要領で示されている「主語＋動詞＋補語」の文型の中の主語と補語に当たる部分をチャンクに置き換えていくことになりますが，一度に2つの部分をチャンクに置き換えるのは，学習者にとって負担になりますので，まず，補語に当たる部分のチャンク化から指導を始めます。その理由は，第2章で紹介した中学1年生に対する文型理解度の調査の結果から，入門期の学習者は様々な主語をチャンクとして捉えることに大きな抵抗を感じていることが分かっているからです。補語のチャンク化の手順は以下のとおりです。

1） 例文の提示

まず，以下のような例文を定文（定型表現）として学習者に提示します。

This is Japan.
This is America.
This is Australia.

音声に加えて，文字の形でも英文を提示します。いわゆる Speech Primacy（音声優先主義）の観点からすると，入門期の段階から文字を提示することは望ましくないと考えられがちですが，チャンク文型論が重視する関係学習（システム・ラーニング）を推進して行くためには，音声インプットを文字の形で示すことも必要になってきます。なぜなら，"This is Japan." を例に取るならば，音声インプットそれ自体は，入門期の学習者には，[ðisizdʒəpæn] のように，slurred continuum (Moulton, 1970, p. 39)，つまり「ぼやけた音の連続体」にしか聞こえてきませんが，文字の形で提示されると，1つの塊となって聞こえる音声インプットが，この場合には3つの単語で構成されていることが理解可能になるからです。第2章で言及しましたが，関係学習（分かる学習）は，対象を「分ける」ことから始まります。その後で，簡単にそれぞれの文の意味を確認してください。英文が3つの単語に分かれていますが，この段階では，提示される英文は定文（定型表現）として扱います。

2） 補語のカテゴリー化を促す

ここで示した3つの例文の最初の部分（This is）が共通であることに学習者の注意を向けた上で，次のように，補語に当たる部分のカテゴリー化を図ります。

This is Japan.
This is America.   →   This is { Japan / America / Australia }.
This is Australia.

1. Be 動詞文の場合

　文型の構成要素をチャンクと考えるチャンク文型論においては，このカテゴリー化（範疇化）はチャンク形成の前段階にあたるもので，文型理解においてとても重要な役割を担っています（Yamaoka, 2005）。もちろん「カテゴリー」という用語を使う必要はありません。この図式化で学習者にはカテゴリーというものがどういうものか理解してもらえると思います。最初は，この3つの国名で簡単な置き換え練習をしたのち，これ以外の国名を使ってアウトプットをさせます。幸い，小学校段階での外国語活動の学習で，様々な国の英語名を学習しているので，多様な例文を学習することができると思います。

3）補語のカテゴリーをチャンクに置き換える

　上で学習した選択肢を包摂するカテゴリーをチャンクに置き換えていきます。

$$\text{This is} \begin{Bmatrix} \text{Japan} \\ \text{America} \\ \text{Australia} \end{Bmatrix}. \quad \rightarrow \quad \text{This is} \boxed{}.$$

　カテゴリーの段階では選択肢は3つしか示されていませんが，チャンクになったことによって，学習者にとっての選択肢はほぼ無限大に増加します。小学校の外国語活動（及び外国語）の授業で学習済みの世界に存在する国々の英語名は当然のこと，Tokyo や London のような都市名も選択肢となります。学習者に自分が気に入った国の国旗を持たせながら，この文型の用例を次々に言わせてみてください。これでいっきに表現の幅が広がることになります。もちろん，この段階でチャンクという用語を生徒に提示する必要はありません。「マジックボックス」か「ドラえもんのポケット」と呼んでみてください。とりあえず，チャンクというものがどういうものか理解してもらうだけで十分です。また，この段階でも用例中の This is は「主語＋動詞」の関係ではなく，定型表現としてそのまま丸覚えでも構いません。

(2) チャンクの多様化

チャンクの導入が完了したら，次にそのチャンクを多様化し，拡大していきます。まず，チャンクの多様化から始めましょう。

1) 例文の提示

補語として機能する単語として国名や都市名を使った英文に加えて，人名や形容詞を使った用例も提示します。

This is Japan.
This is Nancy.
This is great.

2) 補語のカテゴリー化を促す

This is Japan.
This is Nancy.　→　This is { Japan / Nancy / great }.
This is great.

先ほどのカテゴリー化は異なった国名をカテゴリーとしてまとめましたが，この段階でのカテゴリー化は，国名・人名・形容詞のように種類は異なりますが，同じように機能する単語を同じ範疇に入れてのカテゴリー化となります。

3) 補語のカテゴリーをチャンクに置き換える

This is { Japan / Nancy / great }.　→　This is _____.

ここでも，様々な国名や人名あるいは知っている形容詞を使って，様々な英文をアウトプットさせてください。小学校での外国語活動・外国語の授業で固有名詞（国名・地名・人名）だけでなく，形容詞もたくさん習っ

ていると思います。それらを活用してください。

(3) チャンクの多様化から拡大へ

チャンクの多様化が完了すると，次はチャンクの拡大に移ります。手順は以下のとおりです。

1) 例文の提示

This is Japan.
This is my country.
This is a very small country.

文は長くなっても，文意は，単語の意味さえ分かれば，それほど苦労なく把握できると思います。例文自体は，最初は定型表現として扱います。

2) 補語のカテゴリー化を促す

This is Japan.
This is my country.　　　→　　This is { Japan / my country / a very small country }
This is a very small country.

これまでの学習で示された英文はすべて3つの単語で構成されていましたが，ここから本当の意味での関係学習が始まります。ここに示した3つの英文は，それぞれ3語，4語，6語で構成されていますが，文型的には，3つの要素で構成されています。ここで肝心なのは，それぞれの英文の補語に当たる部分のJapan, my country, a very small countryが単語の数は異なりますが，同じグループに属する表現として扱えることを学習者に理解してもらうことです。

第 5 章　チャンク文型論の展開

3)　補語のカテゴリーをチャンクに置き換える

この文型から，

This is Canada. / This is Fred's country. / This is a very large country.
This is Yamaguchi. / This is my hometown. / This is a very quiet city.

のような英文が産出可能です。この段階で，補語に当たる部分のチャンクの多様化と拡大が当面完了します。文型の形は非常にシンプルですが，上で示した例文以外にも実に多様な用例をカバーできます。Japan を China, France, Australia など別の国名に変え，さらに small を large や beautiful など別の形容詞に変えたりして，多様な用例を提示し，さらにアウトプットへと繋げてみてください。文型に備わっている言語的創造性が，この段階でも遺憾なく発揮されることになります（第 2 章参照）。合わせて，チャンクがだんだんドラえもんのポケットらしくなってきたのではないでしょうか。

(4)　主語のチャンク化

　補語のチャンク化に慣れたあとで，今度は主語のチャンク化に取りかかります。第 2 章で紹介した中学 1 年生に対する文型理解度の調査でも，入門期の学習者は多様な主語をチャンクとして捉えることが苦手です。そのため，段階を踏んだ丁寧な指導が必要になってきますが，幸い，補語のチャンク化についての学習で，ある程度チャンクの概念に慣れてきているので，補語のチャンク化の時ほど，細かい手順を踏む必要はありません。手順は以下のとおりです。

1. Be 動詞文の場合

1) 例文の提示

　補語のチャンク化の時とは違って，主語のチャンクの多様化と拡大を同時に扱うことを見越して，以下のような例文を提示します。

　　Mike is my friend.
　　Nancy is very kind.
　　That boy is from Canada.

2) 補語に加えて主語のカテゴリー化を促す

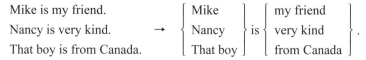

　カテゴリー化自体は既に補語のカテゴリー化で経験済みなので，それほど抵抗はないでしょう。上の例のように，主語と補語のカテゴリー化を同時に示しても特段問題はないと思われます。こうすることで，Mike is from Canada. / Nancy is my friend. / That boy is very kind. のように，最初に示した例文にはなかった組み合わせも可能になります。

3) カテゴリーをチャンクに置き換える

　この段階で，チャンクに A と B の名称を付けます。チャンク文型論の第一の主張のところでも触れましたが，クワーク学派の 7 文型の枠組みに従うと，SVC と SVA という異なる文型が同じ 1 つの文型として扱われていますが，入門期の学習者には SVC と SVA の区別は必要ではありません。むしろ，学習者を混乱させてしまいます。非常に簡素な文型の形をしていますが，これだけでも実に多種多様な英文をカバーできます。できれ

第 5 章　チャンク文型論の展開

ば，第 2 章で紹介した中学 1 年生に対する文型理解度の調査で多くの生徒が抵抗を感じた "Our new English teacher is from Canada." のような例文も提示してみてください。なるほど，　A　のチャンクには，この段階では単数形のものしか入らず，その意味でこの文型の言語的創造性には制限がかかりますが，この文型がカバーできる英文の数は，入門期の学習者にとっては無限大に近い数字と見なすことができると思います。

(5) Be 動詞のカテゴリー化

　補語と主語のカテゴリー化とチャンク化が学習できたので，いよいよ動詞のカテゴリー化に取りかかります。ここで注意が必要なのは，動詞に関しては，Be 動詞の場合であっても，一般動詞の場合であっても，動詞のチャンク化までは行わない点です。動詞は，カテゴリー化の段階までに止めておきます。動詞までチャンク化すると，生徒に提示する文型がすべて記号で示され，構造としての性格を有するようになり，一気に抽象度が高くなってしまうからです。入門期の学習者には，足掛かり (scaffold) となるための具体的な動詞の形が必要です。つまり，構造ではなく，あくまで文型のレベル (第 2 章参照) に止めておくことが肝要です。まずは，Be 動詞のカテゴリー化から始めましょう。手順は以下のようになります。

1)　例文の提示

This is my friend.
I am from Osaka
We are very happy.

2)　主語と補語のカテゴリー化を促す

This is my friend.　　　⎧ This ⎫　⎧ is ⎫　⎧ my friend ⎫
I am from Osaka.　 →　⎨ I   ⎬　⎨ am ⎬　⎨ from Osaka ⎬ .
We are very happy.　　⎩ We   ⎭　⎩ are ⎭　⎩ very happy ⎭

2. 一般動詞文の場合

3) 主語と補語のチャンク化と動詞のカテゴリー化を図る

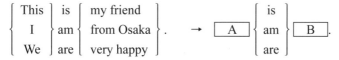

　この段階で重要な指導上のポイントは、主語（A のチャンク）の中身に応じて、Be 動詞を使い分ける必要があることを学習者にしっかり理解させる点です。関係学習の第一歩がインプットを構成単位（単語）に分け、その中の置き換え可能な部分をチャンクに変えていくことでしたが、この主語に応じて述語動詞を使い分けるという点も関係学習にとって大切なポイントです。主語の人称（一人称・二人称・三人称）と数（単数・複数）に応じて Be 動詞を使い分けることになりますが、この段階では完全な理解を求める必要はありません。英語では、日本語と違って、主語に応じて動詞の形を変える必要があるということを理解してもらうだけで十分だと思います。

　また、補語 B と主語 A のチャンク化を動詞のカテゴリー化に先立って行うのは、この 2 つのチャンクの主たる構成要素である名詞・名詞句・形容詞句の方が、Be 動詞よりも担える情報量が圧倒的に多いからです。ちなみに、自然な環境での第二言語習得では、母語習得の場合と同様、Be 動詞が欠落した状態でコミュニケーションが成立することが分かっています。なお、上でも触れましたが、Be 動詞のチャンク化は当面行いません。第 2 章で説明したように、本書では文型と構造を区別しています。構造はその構成要素がすべて記号で示されます（例：SVO）。入門期の学習者にとっては、動詞の部分が具体的な単語の形で示されている方がとっつきやすいと考えているからです。

2. 一般動詞文の場合

　以上、Be 動詞文を対象に、チャンク文型論の展開方法を説明してきましたが、今度は一般動詞文を対象とします。手順は Be 動詞文の場合とほ

ぼ同じなので，手順は若干簡素にすることができます。説明も，Be動詞文の場合と比べて，簡潔になっています。教科書によって，Be動詞文よりも先に一般動詞文を学習することになっている場合もありますが，その場合は，ここで示した手順（Be動詞文から一般動詞文）を入れ替えて指導してください。

(1) 目的語のカテゴリー化からチャンク化へ
1) 例文の提示

　I like baseball.
　I like tennis.
　I like soccer.

2) 目的語のカテゴリー化

　I like baseball.
　I like tennis.　　→　　I like { baseball / tennis / soccer }.
　I like soccer.

3) 目的語のチャンク化

　I like { baseball / tennis / soccer }.　→　I like ☐.

(2) 主語のカテゴリー化からチャンク化へ
1) 例文の提示

　I like baseball.
　We like tennis.
　Tom and Nancy like soccer.

2) 主語のカテゴリー化（目的語のカテゴリー化も同時に）

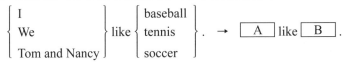

3) 主語のチャンク化（目的語のチャンク化も同時に）

$\left\{\begin{array}{l} I \\ We \\ Tom\ and\ Nancy \end{array}\right\}$ like $\left\{\begin{array}{l} baseball \\ tennis \\ soccer \end{array}\right\}$. → $\boxed{\ A\ }$ like $\boxed{\ B\ }$.

(3) 主語が三人称単数の場合の目的語のカテゴリー化とチャンク化
1) 例文の提示

Mike likes tennis.

Mike likes baseball.

Mike likes soccer.

2) 目的語のカテゴリー化を促す

Mike likes tennis.
Mike likes baseball.   →   Mike likes $\left\{\begin{array}{l} tennis \\ baseball \\ soccer \end{array}\right\}$.
Mike likes soccer.

3) 目的語のカテゴリーをチャンクに置き換える

Mike likes $\left\{\begin{array}{l} tennis \\ baseball \\ soccer \end{array}\right\}$.   →   Mike likes $\boxed{}$.

(4) 主語が三人称単数の場合の主語のカテゴリー化とチャンク化
1) 例文の提示

Mike likes tennis.

My brother likes baseball.

第5章　チャンク文型論の展開

Our English teacher likes soccer.

2) 主語のカテゴリー化（目的語のカテゴリー化も同時に）

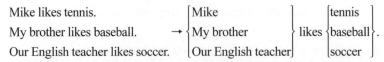

3) 主語のチャンク化（目的語のチャンク化も同時に）

$$\begin{Bmatrix} \text{Mike} \\ \text{My brother} \\ \text{Our English teacher} \end{Bmatrix} \text{likes} \begin{Bmatrix} \text{tennis} \\ \text{baseball} \\ \text{soccer} \end{Bmatrix}. \rightarrow \boxed{\text{A}} \text{ likes } \boxed{\text{B}}.$$

(5) 一般動詞のカテゴリー化
1) 例文の提示

I like tennis.

We like basketball.

Tom likes baseball.

Our teacher likes soccer.

2) 主語と目的語のカテゴリー化

$$\begin{matrix} \text{I like tennis.} \\ \text{We like basketball.} \\ \text{Tom likes baseball.} \\ \text{Our teacher likes soccer.} \end{matrix} \rightarrow \begin{Bmatrix} \text{I} \\ \text{We} \\ \text{Tom} \\ \text{Our teacher} \end{Bmatrix} \begin{matrix} \text{like} \\ \text{likes} \end{matrix} \begin{bmatrix} \text{tennis} \\ \text{basketball} \\ \text{baseball} \\ \text{soccer} \end{bmatrix}.$$

3) 主語と目的語のチャンク化と動詞のカテゴリー化

$$\begin{bmatrix} \text{I} \\ \text{We} \\ \text{Tom} \\ \text{Our teacher} \end{bmatrix} \begin{matrix} \text{like} \\ \text{likes} \end{matrix} \begin{bmatrix} \text{tennis} \\ \text{basketball} \\ \text{baseball} \\ \text{soccer.} \end{bmatrix} \rightarrow \boxed{\text{A}} \begin{Bmatrix} \text{like} \\ \text{likes} \end{Bmatrix} \boxed{\text{B}}.$$

この段階での文型理解で大切なことは，Be 動詞文の場合と同じように，主語（A のチャンク）の中身によって，動詞を使い分けなければならない点です。そのためには，主語が一人称・二人称・三人称のうちのどれ，かつそれが単数か複数かということの理解も必要になってきます。そのためには，次に示すような人称表（図 5-1）を活用してください。この情報は，文型そのものではありませんが，文型理解を支える文法的なきまりとして学習者にとっても重要な情報になります。

	単数	複数
一人称	I	We
二人称	You	You
三人称	Tom Kumi He She My friend	Tom and Kumi They My friends

図 5-1：英語の人称表

この表を参照させながら，一般動詞 like と likes のうち，likes が使われるのは主語が三人称単数の場合に限られることを，具体的な例文を提示して説明してください。言葉による説明だけでは学習者の理解は上滑りになってしまいます。

3. Be 動詞文と一般動詞文の文型のまとめ

ここで紹介したチャンク文型論の当面の到達点は以下の文型にまとめることができます。

第5章 チャンク文型論の展開

　この2つの文型から中学1年生にとってはほぼ無限とも言える数の英文を作ることができます。この文型が特に学習者に求めているのは，英語ではBe動詞文の場合であれ，一般動詞文の場合であれ，主語に応じて述語動詞を使い分ける必要があるという点です。一般動詞文の文型に関して言えば，多くの教室では「主語が三人称単数の場合には動詞の後にsを付ける」という規則を明示的に提示するのが一般的ですが，それ以上に大切なのは，この文型が示唆しているように，主語に応じてどちらかの動詞を使い分けることであって，上で示した動詞のカテゴリー化を伴う文型表示の方が学習者には受け入れやすいと思います。この文型ではlikeとlikesを使っていますが，学習が進むにつれて，playとplays, learnとlearns, studyとstudies, speakとspeaksへと対象が広がっていきますが，ここで示した文型を言わばプロトタイプ（原型）として理解しておけば，十分適応できると思います。また，Be動詞文に関する文型と一般動詞文に関する文型を別々に提示することで，入門期の学習者に起こりがちなBe動詞と一般動詞の混用もある程度防ぐこともできます。

　もちろん，この2つの文型だけで中学1年次で学習するすべての英文をカバーすることはできません。特にチャンクの拡大に寄与する文法事項は重要です。指示代名詞の形容詞的用法（例：this book, that boy），人称代名詞（例：my, your, his, her など），名詞を修飾する形容詞（例：nice book, beautiful picture など），前置詞句による後置修飾（例：the principal of our school, the capitol of Japan など）がその例です。例えば，以下の英文を見てください。

Fred is from New York.
Mr. White is from New York.
Our teacher is from New York.
Our new teacher is from New York.

3. Be 動詞文と一般動詞文の文型のまとめ

The new English teacher of our class is from New York.

学年が進むと，以下の英文に示されているように，チャンクの拡大のための別の仕組み（文法規則）を学ぶことになります。

I know the boy.
I know the boy on the bench.
I know the boy sitting on the bench.
I know the boy who is sitting on the bench.
I know the boy Tom is talking with on the bench.

これまでは，これらの英文はチャンクの拡大とは無関係に，別々に指導されていたと思います。チャンクの拡大という考え方に結びつけることによって，既習事項との関連性が担保され，より有機的な指導と理解が可能になります。

加えて，肯定文に加えて，疑問文と否定文も学習することになります[1]。その場合もできれば，ここで示したまとめの文型をもとに，それに追加の修正を施す形で指導してみてください。例えば，一般動詞の否定文の文型は次のようになります。

$$\boxed{A} \begin{Bmatrix} like \\ likes \end{Bmatrix} \boxed{B}. \rightarrow \boxed{A} \begin{Bmatrix} do \\ does \end{Bmatrix} not\ like\ \boxed{B}.$$

$$\rightarrow \boxed{A} \begin{Bmatrix} don't \\ doesn't \end{Bmatrix} like\ \boxed{B}.$$

チャンク文型論では，明示的な文法規則を目で見て確認できるように視覚化（最近の言葉で言えば，見える化）します。明示的な文法規則（例えば三単現の規則）が実際のコミュニケーションにおいては，必ずしも援用されないことが分かってきています。一方，上記のように視覚化された文型は，学習者の頭の中でイメージ化することが容易になります。最近，認知

言語学の知見を英語教育に応用する研究 (太田・佐久間, 2016) や，文法をイメージ化する試み (今井, 2010) がなされています。学習者が築きあげるメタ認知がどのようになっているか具体的に把握することはできませんが，人間は様々な事象を理解したり学習したりする場合に，対象をパターン化して学習することが早くから知られています (渡辺, 1978; Tomasello, 2003, 2009)。チョムスキー理論の立場に立つ研究者達は言語の学習において規則に基づく学習を重視していますが，特に入門期の学習者にとってはイメージ化しやすいパターンでの学習の方がより適切ではないかと考えています。

4. 入門期英語のミニマム・エッセンシャルズ

　肯定文に加え，否定文や疑問文を視野に入れて，入門期 (当面中学1年次) で学習すべき内容を，文型の形でまとめると次のようになります。これを本書では入門期英語のミニマム・エッセンシャルズと呼んでいます。

(1) Be 動詞文のまとめ

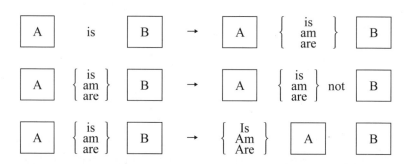

4. 入門期英語のミニマム・エッセンシャルズ

(2) 一般動詞文のまとめ

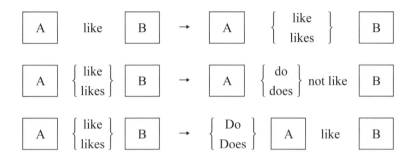

　過去形も中学1年次の段階で学習されますが，ここでは範囲外となっています。また，英文の最後に付けるピリオドや疑問符 (?) はこのまとめの図では省略してあります。実際の指導では，この文型をもとに英文を作成する段階でピリオドや疑問符を挿入することになります。

　このミニマム・エッセンシャルズの大きな特徴は，従来の文型論では扱われなかった否定文や疑問文も文型として位置付けてある点です。学習者，特に入門期の学習者にとっては，同じ文型に属する英文であっても，否定文や疑問文になった途端に，それまでの文型概念が破壊され，どう対応してよいか分からなくなる場合があります。否定文は，語順そのものはそれほど変化しないので，まだ対応可能ですが，疑問文になると，語順が大きく変化するので，お手上げの状態の学習者が急増します。第2章でご紹介した筆者自身の調査で，基本形の肯定文 "This is Japan." の全体の正解率が99.4% でしたが，基本形だけれど疑問文 "Is that your school?" になると78.3% に，さらにその応用形である "Is Ms. Brown your music teacher?" になると，50.0% に下降します。同様に，基本形の肯定文 "Paulo is from Brazil." の正解率は71.7% ですが，それが疑問文になると基本形の "Is Fred from Canada?" でも正解率は59.4% に下降し，さらにその応用形である "Is your new English teacher from Canada?" になると26.1% に下降します。この肯定文から否定文，疑問文への変化につれての正解率の下降

第5章 チャンク文型論の展開

現象は，英語が比較的苦手な学習者においてはより顕著に見られる傾向にあることが分かりました（第2章参照）。このような中学生の間での文型理解の実態を考慮して，ミニマム・エッセンシャルズには否定文と疑問文の形の文型も含めることにしました。

ただし，このミニマム・エッセンシャルズには，What や When で始まるいわゆる特殊疑問文の文型は含まれていません。最低限に抑えるという意図のもと，故意に特殊疑問文の文型は省いてあります。実際の指導では，特殊疑問文は，次に示すように，ミニマム・エッセンシャルズに含まれている一般疑問文の応用形として指導されることになります。指導手順としては，次の①から④の段階を踏みながら指導してみてください。

① Do you like tennis?　　① Does Mike like soccer?
② Do you like What?　　② Does Mike like What?
③ ━━━━━━━━━━　　③ ━━━━━━━━━━
④ What do you like?　　④ What does Mike like?

この手順を，チャンクを使って文型化すると次のようになります。

ただ，"What do you like?" にしても，"What does Mike like?" にしても，疑問文としては何を尋ねているのか不明確なので，実際の指導では，What のチャンクを What subjects, What sports, What colors, What seasons などに置き換えた上で，教師対生徒，あるいは生徒同士で Q&A を行うことになります。

自身が中学校で教鞭を執っていた時には，ここで紹介した入門期での文型のまとめであるミニマム・エッセンシャルズを宿題用ノートに貼るように指示して，宿題の一環として英作文を行う際に，自分が書いた英文がこの文型に当てはまっているのかどうか，再確認するように指示していまし

た。そうすることによって，縦軸（選択能力）と横軸（整列能力）で構成される英語の基礎学力（第2章参照）が形成されると考えたからです。広岡 (1968, p. 175) は，英語に限らず，基礎学力の条件として，

① 使用頻度が多く，高度な機能性をもつ
② 応用的でなく，原理的である
③ 形式性を強くもち，したがって普遍性をもっている
④ 後年の能力成長のために，はずすことのできないかなめの地位をもっている
⑤ 教育目標にたいしてその大手筋に立っている

という5つの条件を提示していますが，このミニマム・エッセンシャルズはこれらの条件の多くを充足していると思われます。

このミニマム・エッセンシャルズを使っての実践を行っていた当時は，意識化 (consciousness-raising, Rutherford, 1987) もアウトプット仮説 (output hypothesis, Swain, 1995) も，さらにはその仮説の重要な柱となっている気付き (noticing) という原理も存在していませんでしたが，このミニマム・エッセンシャルズは，英文の背後に存在する関係性，つまり，ソシュール (1940, 1972) がことばの本質と考える「形相」(22頁参照) に入門期の学習者が気付くための有効な手段であると思っています。

5. ミニマム・エッセンシャルズを土台として

入門期の学習者（当面中学校1年次を想定）にとってのミニマム・エッセンシャルズを文型の形でまとめましたが，あくまでミニマムであって，当然，これだけで中学校や高等学校で学習する内容をカバーすることはできません。中学校で扱うことになっている文型（文部科学省的には文構造）や文法事項は次期中学校学習指導要領（2017年3月告示）に示されていますが，ここでは実際に現場で使用されている教科書の中に出てくる英語表現をも

第5章　チャンク文型論の展開

とに，ミニマム・エッセンシャルズを土台として，チャンク文型論をどのように発展していけばよいのか，考えていきたいと思います。

　本書で提案しているチャンク文型論の観点からすれば，教科書に出てくる英語表現のうち，特に① 主語・補語・目的語のチャンクの多様化と拡大に係わる表現と，② 述語動詞の多様化と拡大に係わる表現に注目します。まず，主語・補語・目的語のチャンクの多様化と拡大に係わる表現に関しては，その中でも特にチャンクの拡大に係わる英語表現に着目したいと思います。第2章で紹介した中学生の文型理解の実態調査でも，チャンクの拡大に中学生がうまく対応できていない実態が浮かび上がっていたからです。以下に示す英語表現は，筆者が編集にも係わっている中学校用検定教科書から抜き出したものです[2]。必ずしも，各レッスン各パートでのターゲット・センテンスとはなっていない表現も含まれています。ターゲット・センテンスになっていないからこそ，慎重な取り扱いが求められます。

　まず，次ページの表 5–1 は，中学校レベル (中1～中3) での補語のチャンクの拡大に係わる英文のリストです。英文中の斜体字の部分が補語にあたる部分です。英文の後についているアステリスクは，その英文がターゲット・センテンス (新出構文) として使用されていることを示しています。

　この表を見ると，中学1年次においては，"That's a very famous restaurant!" という英文に見られるように，副詞と形容詞と名詞の組み合わせが，チャンクの拡大に大きく寄与していることが分かります。学校現場では，形容詞は名詞を修飾する，副詞は形容詞を修飾するという意味合いの説明が一般的かと思いますが，チャンク文型論においては，その修飾関係の結果生まれてくるチャンクの拡大に焦点を当てます。同様のことは，"I'm a big fan of the Knicks." についても言えます。なるほど，前置詞は名詞 (句) の前に置かれるのでその名が付いていますが，チャンクを拡大していくための強力な手だてとなります。ほとんどの中学校用英語教科書において，前置詞は新出語としては扱われますが，それを含む英文がターゲット・センテンスとして扱われることはありません。しかし，チャンク文型論では

5. ミニマム・エッセンシャルズを土台として

表 5-1: 中学校レベルでの補語のチャンクの拡大

英文	文法事項
I'm *Aya*.*	固有名詞
I'm *Ms. King*.	固有名詞
Are you *from America*?*	前置詞＋固有名詞
This is *my house*.	人称代名詞＋名詞
This is *my friend Kenta*.	同格表現
Is that *a bench*?	冠詞＋名詞
Is this *a music box*?*	冠詞＋名詞＋名詞
That is *a big object*.	冠詞＋形容詞＋名詞
I'm *on the tennis team*.	前置詞＋[冠詞＋名詞＋名詞]
I'm *a big fan of the Knicks*.	冠詞＋名詞句 **of** 名詞句
She is *a good tennis player*.	冠詞＋形容詞＋名詞句
She is *ten years old* now.	数詞＋名詞＋形容詞
Whose car is that?*	疑問形容詞＋名詞
I'm *very hungry*.	副詞＋形容詞
That's *a very famous restaurant*!	冠詞＋副詞＋形容詞＋名詞
He's *very powerful and smart*.	副詞＋[形容詞 **and** 形容詞]
Shurijo was *the symbol of the Ryukyu Kingdom*.	名詞句 **of** 名詞句
It's *time to go home*.*	名詞＋**to** 不定詞
My father is *older than my mother*.*	比較級／形容詞 **than** 名詞句
My father is *the oldest in my family*.*	最上級／**the** 形容詞 **in** 名詞句
This book is *more interesting than that one*.*	比較級／**more** 形容詞 **than** 名詞句
Baseball in Finland is *quite different from that in the U.S.*	副詞＋形容詞＋前置詞句
This book is *the most interesting of the three*.*	最上級／**the most** 形容詞 **of** 名詞句
I think *club activities are as important as studying*.*	名詞節（**as** 形容詞 **as** 名詞句を含む）
I was *on a junior basketball team in my town*.	前置詞＋[名詞句 **in** 名詞句]
It's *the new computer made for you*.*	過去分詞を使った後置修飾
It's *the festival Vietnamese children enjoy most*.*	接触節／目的格関係代名詞の省略
That is *the longest distance that any skier has jumped*.*	目的格関係代名詞

第5章　チャンク文型論の展開

チャンクの拡大を手助けする強力な助っ人です。ターゲット・センテンスに匹敵する扱いが必要だと思われます。

　また，中学2年次に学習される比較表現については，実際の授業では大概，次のような指導が行われる傾向にあります。つまり，形容詞を使った例に限定すると，① 比較級と最上級の違い，② 比較級の表現としては，形容詞の後に比較を表すための形態素 er を付ける場合と，形容詞の前に more を付加する場合があること，③ 最上級の表現としては，形容詞の後に一番の意味を表すための形態素 est を付ける場合と，形容詞の前に the most を付加する場合があることなどが，例文を付して中学生に説明されると思います。その結果，中学生は比較級・最上級それぞれの2種類の作り方の理解に奮闘することになります。本書が進めているチャンクの拡大まで手が回らないというのが現状かもしれませんが，それぞれの構文の導入時ではなく，本文の内容理解に連動して，以下に示すようなチャンクの拡大にも生徒の目を向けるようにしてみてください。

　Mr. Ito is fifty.
　Mr. Sato is fifty-five.
　Mr. Sato is [old*er than* Mr. Ito].
　Mr. Sato is [the old*est in* our school].

　次ページに示す表 5–2 は，中学校レベル（中1〜中3）での目的語のチャンクの拡大に係わる英文のリストです。

　中学3年次で指導される関係代名詞は，とかく2つの文を1つにするための仕組みとか，先行詞を後から修飾する後置修飾構文として指導される傾向にあります。チャンク文型論では，それらの説明を無視するわけではありませんが，それよりも主語や補語や目的語のチャンクを拡大していくための仕組みとして位置付けます。機能的には，1つの文でより詳しい情報を伝えるための仕組みとなります。現職の先生方や教育実習生の研究授業で関係代名詞が扱われる場合には，関係代名詞で始まる関係節が直前の先行詞を後から修飾する仕組みを以下のような板書で説明されることがよ

5. ミニマム・エッセンシャルズを土台として

表 5-2: 中学校レベルでの目的語のチャンクの拡大

英文	文法事項
I play *the guitar*.	冠詞＋名詞
I play *my mother's guitar*.	［人称代名詞＋名詞］'s 名詞
I have *some hamsters*.*	数量形容詞＋名詞
What sports do you like?*	疑問形容詞＋名詞
But he knows *some easy Japanese words*.	数量形容詞＋形容詞＋形容詞＋名詞
Actually, he has *a lot of Japanese friends*.	数量形容詞＋形容詞＋名詞
I like *manga with really cool characters, like Naruto and Conan*.	名詞＋前置詞＋名詞句
They saw *a lot of fish and a turtle*.	数量形容詞＋［名詞句 and 名詞句］
We took a boat ride and saw *a lot of interesting tropical fish*.	数量形容詞＋［形容詞＋形容詞＋名詞］
I think *that it's a really important job*.*	名詞節
What kind of work does the harness do?	疑問形容詞＋名詞 of 名詞
I like *riding my bike*.*	動名詞句
Give me *another chance to try*.*	名詞句＋**to** 不定詞
I didn't know *when to laugh*.*	疑問詞＋**to** 不定詞
I'll show you *how to buy the tickets*.*	疑問詞＋**to** 不定詞
I don't know *what I should do*.*	疑問詞で始まる名詞節
I remember *the athlete who gave that speech in English*.*	主格関係代名詞
Her words had *a power that united different kinds of people*.*	主格関係代名詞

くあります。

Look at the boy who is playing soccer over there.

このままでは，後置修飾ということしか学習者の記憶に残りません。チャ

135

第 5 章　チャンク文型論の展開

ンク文型論では，チャンクの拡大という視点から，次のような板書をお勧めします。既に実践されておられる方もいらっしゃるとは思いますが。

　Look at Tom.
　Look at that boy.
　Look at〔the boy who is playing soccer over there.〕

　このような板書に加えて，もしスクリーンが使用できれば，プレゼンテーション・ソフトで少年がサッカーをしている画像を示したり，スクリーンがなければ絵カードを利用したり，英文に相当する日本語文を提示することも有効です。
　さて，次ページの表 5–3 は，中学校レベル（中 1〜中 3）での主語のチャンクの拡大に係わる英文のリストです。
　このリストには，前 2 つのリストと比較して，ターゲット・センテンスとして示されている英文の割合が少なくなっています。これらの英文での主語のチャンクの拡大は，既に補語や目的語との係わりでチャンクの拡大が導入されているため，ターゲット・センテンスとしては取り扱われていないようです。しかし，第 2 章で紹介した中学生の文型理解の実態調査でも，主語のチャンクの拡大を伴う英文を中学生が特に苦手としていることが分かりました。例えば，次の 2 つの英文（基本問題と応用問題）を正解とする部分英作文の正解率（%）は次ページの表 5–4 のようになっていました。
　主語のチャンクの拡大が正解率を大きく下げていることが明確に読み取れます。その傾向は，英語を苦手とする学習者の間でより強まっていることも確認できます。教科書編集者の間でも，おそらく表 5–4 で示されている現象は直感的に共有されており，それゆえに主語のチャンクが拡大した英文を使って新しい文型なり文法事項を導入することが敬遠されがちになることも理解できます。その意味でも，上の表 5–3 に見られるように，この教科書においては中学 3 年生対象の関係代名詞を扱うセクションで，主

5. ミニマム・エッセンシャルズを土台として

表 5-3: 中学校レベルでの主語のチャンクの拡大

英文	文法事項
Who is *this boy*?*	指示代名詞＋名詞
Is *that motor cycle* yours?	指示代名詞＋名詞句
Kent, *all these buses* stop in Chinatown.	数量詞＋指示代名詞＋名詞
Yes, but *some of my classmates* bring lunch from home.	不定代名詞 of 名詞句
Many young people overseas study Japanese with manga.	数量詞＋形容詞＋名詞句
Some Japanese manga characters are cute.	数量詞＋形容詞＋名詞句
My family and I are now in New York.	名詞句 and 代名詞
She and her family didn't swim in the sea.	代名詞 and 名詞句
Riding my bike is a lot of fun.*	動名詞句
The girl with the guitar is Mei.*	名詞句 with 名詞句
Is *the boy in the vampire costume* Bob?	名詞句 in 名詞句
Among girls in Finland, *lacrosse, volleyball, tennis, and snowboarding* are quite popular.	名詞＋名詞＋名詞 and 名詞
But *many people around the world* don't have clean water.	数量詞＋名詞＋前置詞句
This system of collecting water was introduced by a Japanese scientist, Murase Makoto.	名詞句＋of＋動名詞句
The boy performing now is Takeshi.*	現在分詞による後置修飾
The language which her trainers used was Chinese.*	目的格関係代名詞

表 5-4: 主語のチャンクの拡大の影響力

問題文	全体	上位	中位	下位
Is Fred from Canada?	59.4	85.0	58.3	35.0
Is your new English teacher from Canada?	26.1	50.0	25.0	3.3

語のチャンクの拡大を伴う英文がターゲット・センテンスとして使用されていますが，かなりの冒険だったと思われます。その点はさておき，主語のチャンクの拡大を伴う英語表現は，各レッスンの本文の中でさりげなく使用されていますので，ターゲット・センテンスにはなっていなくとも，それに準ずる取り扱いが必要だと思います。

第5章 チャンク文型論の展開

　以上，中学校で学習されることになっている英語表現のうち，おもに主語・補語・目的語のチャンクの拡大に係わる英文を列記してきましたが，中学生を悩ませるのは，この主語・補語・目的語のチャンクの拡大に係わる項目もさることながら，述語動詞の多様化と拡大に係わる項目です。2017年3月に発表された次期中学校学習指導要領（文部科学省，2018c）によれば，文法事項のうち「動詞の時制及び相など」に関わるものとして，「現在形，過去形，現在進行形，過去進行形，現在完了形，現在完了進行形，助動詞などを用いた未来表現」が列記されていますが，述語動詞の多様化と拡大について言えば，同じく次期中学校学習指導要領で示されている「受け身」や「仮定法のうち基本的なもの」も関わってきます。これらの文法項目のうち，「現在完了進行形」と「仮定法のうち基本的なもの」は，今回新しく高等学校から中学校に下ろされてきた項目です。といっても，序論で説明したように，昭和33（1958）年改訂の中学校学習指導要領ではいずれも中学校で扱うことになっていた文法事項です。

　さて，現時点（2019年8月）の段階では，次期学習指導要領のもとで編纂された新しい中学校英語教科書が出版されていないので，今度は検定教科書からそれぞれに対応する英文をリストアップする代わりに，次期学習指導要領で示されている文法項目に係わる英文を自作し，列記することにします。中学生に馴染み深いplayを例に取ると，中学3年間で次のような英文に接することになります。ここでは主語を三人称単数（Mike）に固定するとともに，能動態の英文に限定しています。よって受け身形は含まれていません。また，仮定法に関しては，次期中学校学習指導要領解説外国語編（文部科学省，2018d）には三人称を主語にした用例は掲載されていませんが，ここでは他の表現との連続性を考慮し，敢えて三人称を主語にした用例（If he was not sick, Mike would play tennis.）も加えています。

Mike plays tennis.	現在形
Mike played tennis.	過去形
Mike can play tennis.	助動詞＋動詞
Mike is playing tennis.	現在進行形

Mike was playing tennis.	過去進行形
Mike will play tennis.	助動詞を使った未来表現
Mike is going to play tennis.	going to を使った未来表現
Mike was going to play tennis.	過去の予定
Mike has played tennis.	現在完了形
Mike has been playing tennis.	現在完了進行形
Mike would play tennis.	仮定法の基本形

これらの用例を述語動詞の多様化・拡大と考えれば，カテゴリー化を援用して，次のような文型にまとめることができます。

Mike plays tennis.
Mike played tennis.
Mike can play tennis.
Mike is playing tennis.
Mike was playing tennis.
Mike will play tennis.　→　Mike { plays / played / can play / is playing / was playing / will play / is going to play / was going to play / has played / has been playing / would play } tennis.
Mike is going to play tennis.
Mike was going to play tennis.
Mike has played tennis.
Mike has been playing tennis.
Mike would play tennis.

もちろん，この文型のまとめは学習者のためというより，どちらかと言えば指導者のためのもので，この形をそのまま学習者に提示する必要はありません。学習者には，このまとめの中から，指導目標に応じて適宜述語動詞を選択し，もっと簡略化された形で示してください。

さらに，主語と目的語をチャンクに置き換えると以下のような述語動詞を基軸とした文型にまとめることができます。

第5章　チャンク文型論の展開

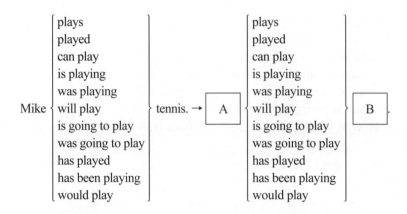

　さすがにこの段階になると，述語動詞の部分を全部列記する代わりに，学習指導要領で使用されている「主語＋動詞＋目的語」の形で「文構造」を示してもよいかもしれませんが，個人的にはこの段階でも，述語動詞のところをチャンクに置き換えない方がよいのではないかと思っています。述語動詞の部分までチャンクにしてしまうと，文法用語だけの表示（あるいはNVNという記号だけの表示）となってしまい，文型ではなく構造になってしまいます（第2章参照）。

　また，ここで示された文型はAのチャンクに三人称単数の名詞や名詞句がくる場合の文型であって，Aのチャンクに一人称単数のI，一人称複数のWe，二人称単数・複数のYouに加え，三人称複数が来る場合にはこのままでは使えません。ただ，この段階になると，学習者の中に，主語の人称と数に応じて述語動詞を使い分ける能力はかなりの程度形成されていることが想定されますので，教室での指導においては，上に示した形をプロトタイプ（原型）として提示し，主語の人称と数に応じて述語動詞を変化させて目的の英文を産出していく応用力を高めていくことが肝心です。実際のところ，文型指導はこの種の応用力を前提として成り立っていると言っても決して過言ではありません。第2章で，言語学習には連合学習（アイテム・ラーニング）と関係学習（システム・ラーニング）の2種類があると述べましたが，ある意味で連合学習＋応用力＝関係学習という図式

が成立すると思います。この応用力を育てるのも，チャンク文型論の大きな役目となっています。

さらに高校段階まで視野に入れると，次のような英文（過去完了形，過去完了進行形，Be 動詞＋to 不定詞，未来進行形，未来完了形，過去における未来完了形，過去における未来完了進行形）も加わってきますので，述語動詞の多様化・拡大もさらに高度になっていきます。

Mike had played tennis.
Mike had been playing tennis.
Mike is to play tennis.
Mike was to play tennis.
Mike will be playing tennis.
Mike will have played tennis.
Mike would have played tennis.
Mike would have been playing tennis.

→ Mike { had played / had been playing / is to play / was to play / will be playing / will have played / would have played / would have been playing } tennis.

英語の学習は，主語と補語と目的語のチャンクの多様化と拡大のための文法的仕組みに加えて，この述語動詞の多様化と拡大を支える文法的仕組みも習得することに他なりません。もちろん，これらの多様な述語動詞の形の中には，日本の英語学習者にとっては，理解のレベルに留めておいてよいものも含まれています。そのあたりの軽重を絡めて指導することが教育英文法に求められていると思います。

6. 文型理解からコミュニケーション活動へ

Audiolingual Method の行き詰まりが物語っているように，文型を頭の中で理解するだけでは，必ずしも実際のコミュニケーションの場で，その文型をスムーズに運用することはできません。認知心理学の立場からスキル学習に関する ACT (Adaptive Control of Thought) モデルを提唱した Anderson (1983) は，スキルの上達においては，「主語が三人称単数の場合には述

語動詞の語尾にsを付ける」のような頭で理解しただけの宣言的知識（declarative knowledge）を繰り返し使うことによって，それを手続き的知識（procedural knowledge）へと変容させていくことが必要であると考えています。平たく言えば，文型に関する受身的な知識を能動的な知識へと発展させていかなくてはならないのです。上で提示したミニマム・エッセンシャルズそれ自体は，宣言的知識を図式化したものであるとも言えます。それをコミュニケーションの場で使えるようにするためには，Practice makes perfect. という格言が示しているように，実際に使う練習の積み重ねが必須です。

第1章で外国語教育の歴史を紹介したところで，現在は「コミュニケーション教育」の時代であると説明しました。「知識教育」の時代においては言語規則に，「技能教育」の時代においては言語行動に，そして「コミュニケーション教育」の時代においては言語使用に教える側の関心が注がれると述べましたが，まさに，いま，ミニマム・エッセンシャルズで示された英語の文型に関する知識を，たとえ教室の中であっても実際に使ってみることが求められているとも言えます。第4章の「チャンク文型論の主張」の中で，文型を英文理解だけでなく英文産出のためにも活用することが重要であると述べましたが，それを具体的な意味のある教室活動へと繋げていくことが必要なのです。

既に第4章で文型を英文産出のために活用する例として和文英訳を紹介しました。今となっては古典的な理論と見なされているかもしれませんが，教室内の活動を Skill-getting と Skill-using に大別した Rivers (1972) の枠組みに従えば，和文英訳それ自体は Skill-getting の段階に留まっていると言えます。Skill-using の段階に進むためには，やはり，ペアやグループでのコミュニケーション活動が必要になってきます。ただし，そのコミュニケーション活動を，文型を基礎に行うことになります。筆者は，そのような文型・文法を基礎にしたコミュニケーション活動を軸とする指導を Communicative Structural Teaching と呼んでいます（伊東, 1987）。以下その具体例の一端を紹介します。

6. 文型理解からコミュニケーション活動へ

(1) ペアで行う会話形式での文型練習

　Audiolingual Method における文型練習は，大概，文レベルで行われていました。主に教師と学習者の間で行われていましたが，それは厳密な意味での会話ではありませんでした。教師が文型練習（例えば置き換え練習）のためのキューを次から次に提示し，学習者はそのキューを手がかりに，同じ文型に属する新しい英文を次から次に産出していきます。まさに刺激一反応の連鎖です。

　ここで取り上げる会話形式での文型練習は，その名前が示すとおり，教師と学習者，あるいは学習者同士が，学習目標となっている文型を使ってのやり取りを行うコミュニケーション活動です。視点を変えれば，コミュニケーションを通しての文型練習とも言えます。さて，当該レッスンのターゲットが次のような英文だと仮定してみましょう。

A:　What subjects do you like?
B:　I like science.

この対話をペアで繰り返すだけでは，コミュニケーション活動にはなりません。第1章で紹介した CLT (Communicative Language Teaching) の推奨者の一人である Johnson (1982) は，コミュニケーションが成立するためには，コミュニケーションに携わる当事者のいずれかの側に，ある種の doubt（疑いの念）あるいはその結果として当事者間に information gap（情報格差）が存在する必要があると述べています[3]。そして，その information gap を生み出すための手段として推奨されているのが学習者に選択権 (choice) を与えることであり，Johnson (1982, p. 152) は，その重要性を以下のように指摘しています。

　The concept of selection, as choice from various sets of options, is thus basic to the concept of communication; and the process of selection in real time from various sets of options is basic to the process of fluent communication. From this point of view a communicative language teaching may be seen as the provision to students of sets of options from which selection can be made. It must also provide practice in the process of selecting from these options within real time.

(多様な選択肢の中から選ぶという選択の概念は，コミュニケーションの概念にとって根本的なものです。そして，多様な選択肢の中からリアルタイムで選択するプロセスは，流暢なコミュニケーションのプロセスにとって基本となるものです。この観点からするならば，コミュニカティブ・ランゲージ・ティーチングは，学習者に選択のための多様な選択肢を提供することと見なしてもよいかもしれません。それに加えて，これらの選択肢の中から適切なものをリアルタイムで選択する練習も提供しなければなりません）

では，上の例文を使って，どういう形で学習者に選択権を付与し，意味のあるコミュニケーション活動を展開すればよいのでしょうか。まず，次に示すように，チャンク文型論の目玉であるカテゴリーの仕組みを活用します。

$$\text{A: What} \begin{Bmatrix} \text{colors} \\ \text{sports} \\ \text{subjects} \\ \text{animals} \\ \text{months} \end{Bmatrix} \text{do you like?} \quad \text{B: I like} \begin{Bmatrix} \text{green} \\ \text{baseball} \\ \text{science} \\ \text{dogs} \\ \text{April} \end{Bmatrix}.$$

ペアの中の学習者 A は colors, sports, subjects, animals, months の中から学習者 B に尋ねてみたい好みを選択します。学習者 B には学習者 A がどの好みを選択するか分かりません。つまり，そこにある種の疑い (doubt) が存在し，結果的に information gap が存在することになります。学習者 B は自然に学習者 A の質問に耳を傾けます。何の好みを尋ねられているのか察知できると，学習者 B は瞬時に自分の好みを学習者 A に伝えます。ただ，これだけでは学習者 B に十分な選択権が与えられていません。学習者 B にも十分な選択権を与えるためには，それぞれの好みに関する選択肢の

6. 文型理解からコミュニケーション活動へ

数を増やします。

colors	black	blue	brown	gray	green	orange
	pink	purple	red	violet	white	yellow
sports	badminton	baseball	basketball	judo	kendo	skating
	skiing	soccer	swimming	table tennis	tennis	volleyball
subjects	Japanese	geography	history	math	science	music
	art	P.E.	technology	home economics	English	ethics
animals	birds	cats	dogs	elephants	giraffes	horses
	kangaroos	koalas	lions	monkeys	rabbits	tigers
months	January	February	March	April	May	June
	July	August	September	October	November	December

こうすることで，今度は学習者Aも学習者Bがどんな好みを選択するのか分かりません。学習者Bの発話をきちんと聞き取ることが必要になってきます。さらに，接続詞 and を使って，それぞれの好みに対して，複数の選択肢を選ぶことができるようにしてみましょう。ますます意味のあるコミュニケーション活動が展開できます。

- A: What animals do you like?
- B1: I like kangaroos and koalas.
- B2: I like monkeys, tigers and lions.

この文型を使ってのやり取りに慣れてくると，今度はチャンクの形で文型を提示し，かつ，会話のターンを増やしてみましょう。

- A: What ☐ do you like?
- B: I like ☐.
- A: Really? Me, too. / Really? I like ☐.

145

こうすることで，簡単な文型を使っての会話ですが，ますます実際の会話に近づけることができます。

 A: What *sports* do you like?
 B: I like *soccer* and *baseball*.
 A: Really? Me, too. / Really? I like *tennis* and *basketball*.

 A: What *subjects* do you like?
 B: I like *math* and *science*.
 A: Really? Me, too. / Really? I like *music* and *P.E.*

発話の authenticity（真正性）を重視する立場（例えば Nunan, 1987）からすれば，ここで示した対話は必ずしもコミュニカティブであるとは言えないようです。本来のコミュニケーションでは，

 A: What *sports* do you like?
 B: *Soccer* and *baseball*.

のように，求められた情報のみを伝える形式の方が真正的であると考えられているからです。その結果，CLT に基づく英語指導ではこの語彙中心の返答が推奨されてきました。しかし，文型を軸としたコミュニケーション活動では，敢えて余剰的とも言える

 A: What *sports* do you like?
 B: I like *soccer* and *baseball*.

という形式を採用します。言うまでもなく，ミニマム・エッセンシャルズで示した次のような文型の活用が意図されているからです。

$\begin{Bmatrix} \text{Do} \\ \text{Does} \end{Bmatrix}$ [A] like [B]   [A] $\begin{Bmatrix} \text{like} \\ \text{likes} \end{Bmatrix}$ [B]

我が国の英語教育の発展に多大な貢献をなしたパーマー (Harold E. Palmer) は，この主の余剰性を含む会話を Conventional Conversation (定型会話) と呼んでいます。意味中心の CLT では文の正確さが育ちにくいという状況を改善していくためには，再度このパーマーの定型会話の考えを取り入れた文型を軸としたコミュニケーション活動が1つの有力な選択肢になりうると思います。

(2) インタビュー形式の文型練習

ペアでの会話形式の文型練習に慣れてくると，今度はグループ内やクラス内でのインタビュー形式の文型練習にグレードアップしていきましょう。例えば，次に示すインタビュー・カードを使って友達の好みを聞き出すコミュニケーション活動を実施してみてください。

Pattern Practice through Interview

A: What *sports* do you like, Aki?
B: I like *tennis*. How about you, Natsuko?

Questions	Names		
colors			
sports			
subjects			
animals			
months			

この主のインタビュー形式のコミュニケーション活動を行う場合に気を付

第5章 チャンク文型論の展開

けることは，学習者にこのインタビュー・カードを手に持ってインタビューをさせないようにすることです。手にインタビュー・カードを持っていると，ついカードに目がいって，友達の顔を見ずにやり取りをしてしまいます。できれば，カードは自分の机の上に置いた状態で，友達のところに行ってインタビューをし，その結果を自分の机に帰ってメモするように指示してみてください。メモは日本語でも構いません。このインタビュー・カードの上部には会話例が示してありますが，覚えきれない学習者のために，黒板かスクリーンにこの会話例を提示しておくと，インタビュー・カードを持たずにインタビューに勤しむことができます。この会話例の発展形として次のような会話例も示してみてください。

A: What *sports* do you like, Aki?
B: I like *tennis* very much.
A: Really? Me, too. / Really, I like *basketball*.
   Anyway, thank you very much.
B: No problem.

インタビュー活動は一応3人の友達から必要な情報を聞き出した段階で終わることになりますが，次の段階として，自分が書いたメモを見ながら友達の好みを口頭でクラス全体に対して発表するように指示してみてください。もちろん，いわゆる三単現（三人称単数現在）の学習が済んでいるという前提での話ですが，学習者からは次のような英語での発話を引き出すことができます。

My friend Aki likes *green*. She likes *tennis*. She likes *math*. She likes *cats*. And finally she likes *March*.

友達へのインタビュー活動では，一人称と二人称の主語を使ってのやり取りでしたが，友達の好みを英語で説明するときは「三人称」の主語を使って，かつ，述語動詞の形を変えながら英文を産出し，友達の好みを発表す

6. 文型理解からコミュニケーション活動へ

ることになります。一人称・二人称の主語を三人称の主語に置き換えて英文を産出する活動は，Audiolingual Method の文型練習では置換練習に位置付けられていた活動ですが，このインタビュー活動では，それがごく自然な形で実現されることになります。

加えて，日本語のメモを見ながら，英文を産出する行為は自然なコミュニケーション活動に一歩近づくことになります。できれば，クラス内の数人の学習者に同じようにメモを見ながら友達の好みを口頭で発表するように指示してみてください。小学校を皮切りに 2020 年度から順次完全実施される次期学習指導要領（文部科学省，2018a, 2018c, 2019）では，欧州評議会（Council of Europe, 2001）が策定した CEFR（Common European Framework of Reference for Languages, ヨーロッパ言語共通参照枠）の枠組みを参考に，話すことの技能が「やり取り」と「発表」に分けられています。ここで紹介したインタビュー形式の文型練習では，この「やり取り」と「発表」がごく自然な形で行われることになります。

さらに，技能統合の観点から，自分が書いたメモを頼りに友達の好みを，今度は英語で書くように指示してみてください。口頭で活用できている表現を書くことでさらに強化することができますが，それがごく自然な形で実現されるのです。できれば，黒板かスクリーンに次のようなチャンク形式の文型を提示してください。

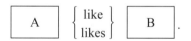

書く作業は時間がかかるぶん，英語の文の仕組みへの「気付き（noticing）」も生まれやすくなります。その結果，主語の人称に応じて，述語動詞を使い分けなければならないことが再確認できます。この書く作業の間は机間指導も可能になりますので，個人差に応じた支援も可能になります。

ここで紹介したインタビュー形式の文型練習は，4 人グループの中で行うことを想定していますが，もちろんクラスの中から任意の学習者を自分で選んでインタビューを行う形も可能です。そこで，今度は，対象をクラ

ス全体に広げ，インタビュー活動で使用したものと同じ文型を使って，次のような Commuication Bingo を実施してみてください。語彙指導でよく使われる Bingo を文型指導に応用したものです。既に実践されている先生も多数いらっしゃると思います。

COMMUNICATION BINGO

A: What *subjects* do you like, Aki?
B: I like *math and science*. How about you, Natsuko?

1. Name: colors Ans:	2. Name: months Ans:	3. Name: subjects Ans:
4. Name: sports Ans:	5. Name: (　　　) Ans:	6. Name: animals Ans:
7. Name: countries Ans:	8. Name: seasons Ans:	9. Name: TV programs Ans:

（注）5番の（　　）は自由選択です。

具体的な指導手順は次のようになります。

① Communication Bingo が印刷されたタスクシートを配布します。
② 例として示されている対話を使って，音読練習をします。
③ それぞれの学習者に，友達から質問されたらすぐに答えられるように，それぞれの好みのジャンルに対して自分の好みを英語で言えるように準備させます。その際に，上で示した好みの選択肢に countries と seasons と TV programs を加えたものを配布シートに印刷しておくと，友達とのやり取りもスムーズに進みます。

④ 数人の学習者を指名して，例として示した文型を使って，次のような簡単な会話を行います。活動へのレディネスを高めるためです。

　教　　師：Kenta-kun. Look at No. 3. What subjects do you like?
　学習者1：I like math.
　教　　師：Sachiko-san. Look at No. 8. What seasons do you like?
　学習者2：I like spring.

⑤ 学習者にとっては，質問文が難しいので，例として示されている会話文の中のsubjectsを9つのマスの中にある好みのジャンルを示す単語（例えばcolorsやmonths）に置き換えて，多様な質問文を練習します。

⑥ タスクシートのそれぞれのマスには，友達から聞き取った好みを日本語で簡単にメモするように指示してください。友達の名前は下の名前（First Name）でよいと思います。好みを英語で書かせると，書く作業に時間がかかり，せっかくのコミュニケーション活動の流れが遮断されてしまいます。

⑦ クラス全体に"Please stand up. Talk to your friends and find their favorites."と指示します。その際，No. 5のマスの括弧には，自由に好みのジャンルを書き入れて，友達に好みを尋ねることができることも付け加えておいてください。まだこの段階では，どうしてこの活動がBingoになるのか説明する必要はありません。活動時間は，適宜，クラスの状況を考慮して設定してください。黒板にタイマーを設置するか，スクリーンに時間を表示してみてください。

⑧ ほとんどの学習者がタスクシートに自分が聞き取った内容をメモできたことを確認して，活動の終了を宣言し，学習者に席に戻るように指示してください。

⑨ 学習者全員が着席したことを確認した後で，一人の生徒を指名して，次のように英語で尋ねます。いよいよビンゴの説明です。

第 5 章　チャンク文型論の展開

　　　Kenta-kun. Look at No. 3. Please tell me your partner's name and his or her favorites.

指名された学習者は自分のメモを見ながら，"My partner is Satoshi. He likes music." と答えます。それを受けて，次のような指示を出します。

　　　OK. Kenta's partner in No. 3 is Satoshi. If Satoshi's name is on your Bingo Card anywhere, please circle his name. Any number is OK.

　もちろん，if 節などこの段階の学習者にとっては未習事項ですが，指示の内容は学習者には理解可能です。クラスの状況を考慮して，日本語での指示でも構いません。英語の指示に加えて，日本語の指示を追加しても構いません。この質問を，次から次に学習者を指名して，繰り返します。友達の名前が自身のカードの中に見つかる度に○で囲んで行きます。その○が縦，横，斜めに 3 つ繋がったら Bingo! です。2 つ繋がった状態で Reach! になります。次から次に学習者を指名していく過程で，ダブルビンゴになる生徒も出てくるかもしれません。また，ここで示した Communication Bingo では，動詞は like だけに限定していますが，play や speak も追加していくと，さらにバラエティに富んだコミュニケーション活動を展開することができます。
　文型中心の学習はどうしても「勉強」の要素が強くなりがちですが，このようなゲーム的要素を取り入れると，楽しく文型を学習することができます。宿題として，9 つのマスに書き取ったメモを参考に友達の好みを英語で書き表す課題を与えてみてください。盛り上がった雰囲気がいっぺんに下ってしまうかもしれませんが，書くことの宿題は第 4 章で指摘したように，文型理解を強固なものにする上でとても重要です。

(3)　文型タスク

　CLT (Communicative Language Teaching) が外国語教育のパラダイムを形成して久しくなりますが，CLT の理念をさらに強化するとともに，L2 は当

6. 文型理解からコミュニケーション活動へ

事者間での相互交流を通して学ばれるという SLA 研究の成果を受けて，タスク (task) を基盤とした指導法 (Task-based Approach) が注目を集めています。J. Willis (1996, p. 23) は，タスクを "activities where the target language is used by the learner for a communicative purpose (goal) in order to achieve an outcome" つまり「目標言語が，ある結果を生み出すためにコミュニカティブな目的のために学習者によって使用される活動」と定義していますが，タスクの定義は必ずしも統一されていません。例えば，Estaire and Zanón (1994) は，コミュニカティブな要素が含まれているかいないかに拘わらず，教室内で行われる活動をすべてタスクと見なし，従来からの形式に焦点を当てた活動を "enabling tasks" と呼び，目的達成のための情報の授受を伴う活動である "communication tasks" と区別しています。一方，R. Ellis (2000) は，目的遂行のための本物のコミュニケーションを内包しているもののみをタスクと呼び，機械的な練習である "exercises" と区別しています。この意味でのタスクは，上の J. Willis (1996, p. 23) が考えるタスクとほぼ同じものであり，今日ではこの R. Ellis (2000) が考えるタスクの定義が一般的に定着しているようです。なお，Littlewood (2004, p. 322) は，フォーカス・オン・フォームとフォーカス・オン・ミーニングの区別に言及しながら教室内活動を5つのタイプに分類するとともに，それに R. Ellis (2000) と Estaire and Zanón (1994) によるタスクの分類を当てはめ，次のような枠組み (オリジナルを簡略化) を示しています。

Focus on form	←		→	Focus on meaning
Non-communicative learning	Pre-communicative language practice	Communicative language practice	Structured communication	Authentic communication
Exercises	←	(Ellis)	→	Tasks
Enabling tasks	←	(Estaire & Zanón)	→	Communication tasks

図 5-2: Littlewood (2004) による教室活動の分類

R. Ellis の考えを支持している髙島 (2005) は，EFL 環境において実践的なコミュニケーション能力を育成するためには，「教室外で英語を使用できるようになるためのシミュレーション的な言語活動」が必要であるという立場から，教室内で行うコミュニケーション活動を「タスク」「タスク活動」「タスクを志向した活動」に分けています。R. Ellis (2003) は tasks を unfocused tasks と focused tasks に細分化していますが，髙島 (2005) が提示している「タスク」と「タスク活動」が unfocused tasks で，「タスクを志向した活動」が focused tasks と考えることができそうです。

　以上のことを考慮すると，ここで紹介する文型タスクは，厳密な意味でのタスクとは呼ばれないかもしれません。特定の文型を対象にしているからです。しかし，単に対話に従事させるということでなく，ある目的を達成させるという点で，髙島 (2005) の「タスクを志向した活動」あるいは R. Ellis (2003) が focused tasks の一形態として紹介している "communicative structure-based production tasks"（Loschky & Bley-Vroman, 1993, p. 141）と考えることができそうです。以下，具体例の一端を提示します。あくまで指導例ですので，実際の授業では対象となる文型やテーマを変えながら，適宜アレンジしていただけると幸いです。

1）スケジュール完成タスク

　前段階として，一日のスケジュールについて，インタビュー形式での文型練習を実施します。対象となる文型は次のとおりです。

A: What time do you get up?
B: I get up at (around) six thirty.

下線部が置き換えの対象となります。ペアの相手から自分の知らない情報を入手するという点で，コミュニケーション活動と見なすことが可能だと思います。具体的には，次のような質問票を使用します。

6. 文型理解からコミュニケーション活動へ

Questions		Expressions	Names of your partners		
			A:	B:	C:
①	起床	get up			
②	朝食	eat breakfast			
③	自宅出発	leave for school			
④	学校到着	get to school			
⑤	授業開始	school starts			
⑥	授業終了	school is over			
⑦	下校	leave for home			
⑧	帰宅	come home			
⑨	夕食	eat dinner			
⑩	就寝	go to bed			

この質問票を使えば，クラスの仲間3名（例えば机の周りに座っている生徒）から，一日のスケジュールを聞き出す活動が展開できます。空白部にはそれぞれの質問への回答（時間）を数字（例えば，six thirty であれば 6:30）で書き込みます。活動としては，全部で30箇所の空白部に数字が書き込まれれば，それで終了となります。

しかし，もしいわゆる三単現が既に導入されていれば，この活動をさらに発展させることが可能です。つまり，インタビューで得られた情報をもとに，級友の一日のスケジュールを紹介する活動に発展することができます。そのためには，まず，完成した質問票を見ながら，級友の一日のスケジュールを口頭で説明するように指示してみてください。例えば，次のような説明が可能になります。

Kenta gets up at six thirty every morning. He eats breakfast at seven o'clock. He leaves for school at seven thirty. He gets to school around eight o'clock. School starts at eight forty. School is over at three thirty.

155

He leaves for home around five o'clock. He comes home around five thirty. He eats dinner at seven o'clock. He goes to bed around eleven o'clock.

この段階では，たとえ述語動詞に三単現のsが付いていなくても無視しても構わないと思います。一日のスケジュールの時間が正確に伝えられればよしとします。この口頭での紹介活動を数人の生徒を対象に実施した後で，今度はすべての生徒に，自分がインタビューを行った生徒の一日のスケジュールを文字化するように指示してみてください。今度は，上記のミニマム・エッセンシャルズで示した文型を提示するなどして，三単現のsを忘れないように生徒に注意を促してください。こうすることによって，学習者の注意を三単現のsという文法事項に対して喚起することが可能になります。Audiolingual Methodでは，口頭で学習したことを文字で強化することによって学習内容の定着を図る方法が採用されていましたが，その精神は決して過去のものではなく，現代でも大切にしたい考え方だと思います。もちろん，場合によっては，この順番を逆にしても構いません。学習者の中には，一度文字の形で英文を完成しないと口頭では発表できないという学習者もいますので。いずれにしても，級友の一日のスケジュールを紹介することで，タスクの一応の完成となります。質問票を使っての英語での「やり取り」が，級友の一日のスケジュールを「発表」するというタスク完成のための手段として位置付けられることになります。加えて，新学習指導要領（文部科学省，2018cなど）で謳われている「やり取り」と「発表」が実現されることになります。

2） ジグソータスク

さて，ここで紹介したインタビュー活動も，級友の一日のスケジュールを紹介するという目的のために遂行されるという点で，十分タスク活動としての性格を有していると思われますが，そのポテンシャルはまだ半分しか実現されていません。三単現を含む質問文を耳にしたり口にしたりする機会がまだ学習者に提供されていません。三単現を含む肯定文は難なく産

6. 文型理解からコミュニケーション活動へ

出できても，疑問文となると途端に間違いが多くなります。そこで，次に三単現を含む疑問文を聞き取ったり，産出する機会を提供するタスクを紹介します。

次に示すのは，自身の前著 (伊東, 1999a) でも紹介していますが，古典的 CLT でよく活用されたジグソー (jigsaw) と呼ばれるタスクです。ジグソーとは，ジグソーパズルのように，自分のピース (情報) をそれを必要としている相手に提供するとともに，相手から自分が必要としているピース (情報) を入手することで，一連の活動を完成することから付けられた名称です。ちなみに，Johnson (1982) はこのジグソーを，コミュニケーション当事者の間に information gap (情報格差) を生み出すことができるという点で，外国語クラスの教室内活動をコミュニカティブにするための重要な活動として推奨しています。

ここで紹介するジグソータスクは，上で紹介した一日のスケジュール完成タスクの延長線上に位置付けられるもので，ペアでの活動を前提としています。目標とする文型は，疑問詞 (what time, what, how, how many など) で始まる三単現の疑問文です。

(1) A: What time does Kenta get up?
    B: He gets up at six thirty.

(2) A: What does Kenta do before breakfast?
    B: He takes his dog for a walk.

(3) A: How does Kenta come to school?
    B: He comes to school by bicycle.

(4) A: How many lessons does Kenta have in the morning?
    B: He has four lessons.

これらの文型の活用を促すために，それぞれのペアに，以下のような Kenta の一日のスケジュールを説明した 20 個の英文をもとにした 2 種類

第5章　チャンク文型論の展開

Kenta's Daily Schedule（A）

1. Kenta gets up _____ every morning.
2. He takes his dog for a walk before breakfast.
3. He eats breakfast with his family _____.
4. He leaves for school at eight o'clock.
5. He usually goes to school _____.
6. He gets to school about eight twenty.
7. His school starts _____.
8. He has four lessons in the morning.
9. He eats lunch _____.
10. He always eats lunch in the school cafeteria.
11. He usually _____ after lunch.
12. He has two lessons in the afternoon.
13. His school is over _____.
14. He always plays soccer after school. He is on the school team.
15. He usually goes home _____.
16. He usually comes home about six o'clock.
17. He always _____ before dinner.
18. He eats dinner with his family at seven thirty.
19. He always _____ after dinner.
20. He usually goes to bed about eleven thirty.

のタスクシート（AとB［次ページ］）を用意します。

　このジグソータスクでは，各自のタスクシートに記載されている英文の空白部に挿入すべき英語表現をペアの相手から入手して，Kentaの一日のスケジュールを協力して完成させることが目標（つまりタスク）として設定されています。そのためには，空白部に入ると思われる表現を予測し，ペアの相手にその情報を聞き出すための質問を英語で行い，質問された生徒は自身のタスクシートに印刷されている英文をもとに，その質問に英語で答えることで必要な情報を質問者に提供しなければなりません。具体的

Kenta's Daily Schedule (B)

1. Kenta gets up at six thirty every morning.
2. He _____ before breakfast.
3. He eats breakfast with his family at seven fifteen.
4. He leaves for school _____.
5. He usually goes to school by bicycle.
6. He gets to school _____.
7. His school starts at eight thirty.
8. He has _____ lessons in the morning.
9. He eats lunch at noon.
10. He always eats lunch _____.
11. He usually plays basketball with his friends after lunch.
12. He has _____ lessons in the afternoon.
13. His school is over three o'clock.
14. He always _____ after school. He is on the school team.
15. He usually goes home about five thirty.
16. He usually comes home _____.
17. He always does the homework before dinner.
18. He eats dinner with his family _____.
19. He always plays with his computer in his room after dinner.
20. He usually goes to bed _____.

な教室での活動は，次のような手順で行います。

① Kentaの一日のスケジュール (20項目) を説明したタスクシート (A) と (B) を用意します。(A) と (B) では，下線が引かれている空白部が交互に配置されています。
② 机の隣同士でペア (生徒Aと生徒B) を作らせます。
③ 生徒Aにタスクシート (A) を，生徒Bにタスクシート (B) を配布します。

第5章　チャンク文型論の展開

④ 生徒Aは，最初の英文の空白部に来る表現を予測し，その表現を聞き出すための質問文を考え，生徒Bに質問します。
⑤ 生徒Bは，最初の英文を見て，その質問に英語で答えます。
⑥ 生徒Aは，生徒Bの答えを聞いて，空白部に必要な英語表現を記入します。
⑦ 今度は生徒Bが2番目の英文の空白部に来る表現を予測し，生徒Aに質問します。
⑧ 生徒Aは2番目の英文を見て，その質問に英語で答えます。
⑨ 相手に質問する場合は，なるべく相手の目を見て質問するように促します。

例えば，上のタスクシート（A）に記載された最初の英文については，下線部には起床の時間が入ると想定した上で，次のようなやり取りが展開されます。

生徒A：　What time does Kenta get up every morning?
生徒B：　He gets up at six thirty every morning.

生徒Aはそれを聞いて，自身のタスクシートの空白部に必要とされている情報を書き加えます。次に今度は，タスクシート（B）を持っている生徒がペアの相手に質問します。

生徒B：　What does Kenta do before breakfast?
生徒A：　He takes his dog for a walk before breakfast.

同様に，生徒Bが自身のタスクシートの空白部に必要とされている情報を書き加えます。文型的には，三人称単数形の主語を伴った質問文と応答文の学習です。この対話をすべての空白部について繰り返すことによって，ペアでKentaの一日のスケジュールを完成させます。時々，空白部に来るべき表現を間違って予測し，的外れな質問をしてしまう場合があります。

その場合は，質問された生徒は，"Sorry, I don't have that information. Please try again." と言って，質問者に新しい質問文を考えさせます。自身のタスクシートにある空白部を見て，その部分に来ると思われる情報を予測して，その予測に沿った質問文を作成することは，和文英訳より少し次元の高い活動になります。最初に Kenta の一日のスケジュールを完成できたペアにポイントを与えるという形でゲーム的要素を付与すれば，活動がより活発になります。

なるほど，ペアの相手からの質問に答える場合，自身のタスクシートに記されている英文をそのまま読むことで対話が成立してしまうので，必ずしもコミュニカティブな活動とは言えないというご指摘もあるかもしれませんが，たとえそうであってもペアの相手はその英語を正確に聞き取って，自身のタスクシートの関連する空白部にそれを書き込むことになります。意外にこれが難しいのです。教師の英語は模範的な発音で聞き取りやすいかもしれませんが，友達の発音はなかなか正確に聞き取ることができません。Pardon? と言って再度ペアの相手にその英語を繰り返してもらうことになります。Pardon? と言われた方も，その結果として自身の英語の発音に留意するようになります。CLT での言語活動では情報の授受に焦点が当てられるため，発音はさほど重視されませんが，昨今の国際共通語としての英語でのコミュニケーションにおいては単語レベルでの発音の正確さが聞き取りやすさ (intelligibility) を左右する重要な因子と見なされています (Jenkins, 2000)。

3) 市街図完成タスク

このタスクもジグソーの原理に基づいています。タスクの目標は，市街図に書かれている建物の名称を，ペアのそれぞれの学習者がもっている情報を共有することによって確定し，市街図を完成することです。目標となる文型は，次に示すような前置詞 (句) を伴う所在文と存在文です。

(1) A: Where is the bus terminal?
    B: It is near the park.

第5章　チャンク文型論の展開

(2)　A:　What building is there in front of the university?
　　　B:　There is a bookstore in front of it.

　このタスクで使用する前置詞（句）は，on, near, in front of, next to の 4 種類です。
　このタスクでは，2 種類のタスクシート（A）と（B）が使用されます。それぞれのタスクシートには 12 個の建物の名称が空白となっている市街図と，それら 12 個の建物の位置を示す情報が記載されています。市街図自体は（A）と（B）で共通ですが，それぞれのシートに記載されている 12 個の建物の位置情報は（A）と（B）で異なっています。つまり，自身のシートに記載されている 12 の位置情報だけでは，12 個の建物の名称を特定することができない仕組みになっています。自身が持っている情報とペアの相手が持っている情報を組み合わせることによって初めて，空白となっている建物の名称が特定できるように設計されています。
　次に示すのは，タスクシート（A）と（B）の両方に共通して記載されて

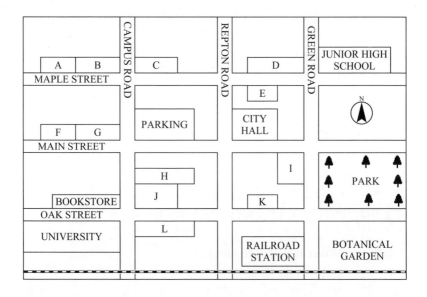

6. 文型理解からコミュニケーション活動へ

いる市街図です。この中の 12 個の建物 (A~L) には名称がついていません。ペアの相手とそれらの建物の位置情報を共有することによって、その名称を特定するのがこのタスクの目標となっています。

次に示しているのは、それぞれのタスクシートの中で上記の市街図の下に記載されている 12 個の建物についての位置情報です。

◇タスクシート (**A**) に記載されている位置情報
1. The bus terminal is on Green Road.
2. The church is on Maple Street.
3. The department store is on Main Street.
4. The elementary school is on Oak Street.
5. The fire station is on Green Road.
6. The gymnasium is on Maple Street.
7. The hospital is on Campus Road.
8. The library is on Oak Street.
9. The museum is on Campus Road.
10. The police station is on Oak Street.
11. The post office is on Maple Street.
12. The swimming pool is on Campus Road.

◇タスクシート (**B**) に記載されている位置情報
1. The bus terminal is near the park.
2. The church is in front of the fire station.
3. The department store is next to the hospital.
4. The elementary school is next to the museum.
5. The fire station is in front of the junior high school.
6. The gymnasium is next to the swimming pool.
7. The hospital is next to the department store.
8. The library is in front of the elementary school.
9. The museum is next to the elementary school.
10. The police station is in front of the railroad station.

第5章　チャンク文型論の展開

11. The post office is in front of the swimming pool.
12. The swimming pool is next to the gymnasium.

指導手順は以下のようになります。

① クラスをペア（A と B）に分けて，それぞれにタスクシート（A）と（B）を配布します。
② 自身のシートに記載されている情報だけでは空白となっている建物の名称が特定できないので，英語での Q&A を通してそれぞれが持っている情報を交換し，建物の名称を特定していきます。質問する順番は任意で，ペアのどちらが先に質問しても構いません。また，どの建物から情報交換を始めるかも自由です。英語での活動の説明は以下のようになります。

　　In your city map, there are 18 buildings altogether, but 12 of them have no names. Please try to find the names of those 12 buildings by exchanging the information you have on your sheet with your partner through asking and answering questions in English. If you have found the names of all the 12 buildings (A to L), please raise your hand.

③ 活動を開始させる前に，活動への足掛かり（scaffold）として，クラス全体に対して次のように発問してみてください。

　　T: How many buildings are there on Maple Street?
　　S: There are five buildings on Maple Street.
　　T: Well, actually there are more. Look at Building E. It is also on Maple Street. Do you understand?

この市街図完成タスクでの活動の1つのポイントは，前置詞 on が通りの

6. 文型理解からコミュニケーション活動へ

北側（上側）に建物がある場合だけでなく，南側（下側）にある場合にも使用されることを学習者に理解させることです。それが理解されれば，CAMPUS ROAD には全部で 9 つの建物が接していることも理解可能となります。さらに，将来遭遇することになるかもしれない "There's a spider on the ceiling." や "There is a nice picture on the wall." という "on" を用いた英語表現も容易に理解できるようになると思います。

タスク完成までの時間を設定したり，最初に 12 個すべての建物の名称を特定できたペアにボーナス・ポイントを付与する形でゲーム的要素を加えると，活動に活気も出てきます。読者の皆さんも是非，空白となっている建物の名称を当ててみてください。正解は本章末の注に示してあります[4]。

4) 夏休み計画紹介タスク

このタスクもまずはインタビュー活動から始めます。対象となる文型は，未来表現 (be going to 不定詞) です。入門期の範囲を超えているかもしれませんが，文型を軸としたタスク活動例として紹介します。まず，次のような夏休みの計画に関するモデル・ダイアローグを提示します。

A: What are your plans for the summer vacation?
B: I'm going to go to (1)Okinawa.
A: How long are you going to stay there?
B: I'm going to stay there (2)for a week.
A: What are you going to do there?
B: I'm going to (3)visit Churaumi Acquarium.
A: What else?
B: I'm going to (4)enjoy snorkeling.
A: Sounds (5)great!

下線部が置き換え可能な部分として機能します。学習者には下線部に補う候補をリストアップした次のグリッドを印刷して提示します。

第5章　チャンク文型論の展開

	(A)	(B)	(C)
(1)	Hokkaido	Tokyo	Osaka
(2)	free choices		
(3) & (4)	stay on a farm enjoy cycling visit beautiful lakes learn about Ainu culture free choices	visit the Tokyo Sky Tree watch a baseball game eat monjayaki do shopping at Akihabara free choices	visit the Osaka Castle eat okonomiyaki visit the Kaiyukan Aquarium visit the Universal Studio Japan free choices
(5)	great / wonderful / fantastic / cool / free choices		

　このグリッドを提示した後で，学習者にはモデル・ダイアローグの下線部にこのグリッドから選択した表現を補って対話を行うように指示します。自由選択 (free choices) のところは，各自で思いついた表現が使えることとします。ただ，このままでは自由に選ぶことができる選択肢が準備されているとは言え，Audiolingual Method で多用された文型練習の域を脱し切れていないという批判もあるかもしれません。しかしながら，Audiolingual Method で多用された文型練習が主にセンテンス・レベルであったのとは対照的に，ここで紹介した文型練習は夏休みの計画という一連の意味の繋がりをもった対話の中での活動となっており，機械的な置き換え練習ではなく，既に上で言及した Communicative Structural Teaching の一例になっていると思います。

　加えて，学習の進度を考慮しつつ，(A) 北海道，(B) 東京，(C) 大阪と並んで (D) free choice を追加し，夏休みに自身が是非訪問してみたい国内外の都市や外国への訪問計画を立案させてもよいと思います。その場合には，(3) と (4) の下線部に挿入する表現も自分で考えることになります。そうすることで，学習者に付与される選択肢も大幅に拡大することになり，ペアの間での information gap (情報格差) もいっそう大きくなり，よりコミュニカティブな活動に近づけることができます。

　隣同士のペアでの活動が完了すれば，今度は周りの級友相手に対話を行うことにします。その際，級友が選んだ選択肢は上記のグリッドに鉛筆で

印を付けるなどして，メモしておくように指示します。もちろん，ペアの相手は机の隣同士ではなく，クラスの生徒から自由に選択させても構いません。その場合は，学習者は教室を歩き回って対話を続けることになります。活動のマンネリ化を避けるために有効な場合もあります。

さて，ここまでは新学習指導要領 (文部科学省, 2018c など) で求められている「やり取り」の活動に留まっています。これを「発表」の活動に繋げるには，自分自身の計画を口頭で発表させたり，級友との対話で収集できた級友の夏休みについての情報をもとに，級友の夏休み計画を紹介 (発表) する活動に発展させてください。最初に口頭で発表させてからノートに書き写すように指示してもよいし，最初ノートに書いてから口頭で発表させても構いません。生徒からは次のようなアウトプットが期待できます。

自分の夏休み計画
I'm going to go to Osaka during the summer vacation. I'm going to stay there for a week. I'm going to stay at my grandfather's house. I'm going to visit Osaka Castle, the Universal Studio Japan and the Kaiyukan Acquarium. I look forward to it.

級友の夏休み計画
Harumi is going to go to Hokkaido during the summer vacation. She is going to stay there for two weeks. She is going to stay on a farm for a week, and then she is going to visit beautiful lakes in Hokkaido. That sounds fantastic.

入門期あるいは入門期を過ぎたばかりの中学生に求められるパラグラフ・ライティングとしてはこれで十分かと思います。

5) 理想の結婚生活紹介タスク

ここでは，入門期から始める文型指導の発展形を紹介します。対象は中学3年生 (または高校1年生) で，ターゲットとなる文型は関係代名詞 who

と which を含む文型です。

・I want to marry a person *who* is very kind.
・I want to live in a house *which* has a large garden.

下線部がこの文型でのチャンクとして機能しています。以下，この2つの文型を使ったタスクを紹介します[5]。

このタスクの目標は，① 対話を通して，級友が理想とする結婚生活（結婚相手と結婚後の住居）についての情報を入手し，② 級友の理想的結婚生活を他の級友に対して紹介すると同時に，③ 自分が理想とする結婚生活についても発表することです。活動としては，3つのステップで構成されています。

ステップ1は，モデル・ダイアローグの発音練習です。以下のようなダイアローグを提示し，音読練習を実施します。

A: What kind of person do you want to marry?
B: I want to marry a person *who* is younger than me.
A: Oh, I see. Then what kind of house do you want to live in with your partner?
B: I want to live in a house *which* has a large garden.
A: Sounds great（fantastic, wonderful）！

音読練習の形態としては，① 文字を見ながらのコーラス・リーディング，② 文字を見ずに行うコーラス・リーディング（つまりリプロダクション），③ 教師対学習者全員でのロール・リーディング（役割別音読），④ クラス全体をAグループとBグループに分けてのロール・リーディング，⑤ クラスの個々の学習者をペア（AとB）に分けてのロール・リーディングが考えられます。ロール・リーディングは役割を交代させて行えば，さらに音読の回数は増えます。ここまで音読練習を徹底すれば，モデル・ダイアローグをほぼ暗記することも可能です。

6. 文型理解からコミュニケーション活動へ

　ステップ2は，級友との対話練習です。上記のモデル・ダイアローグを参考に，下線部に以下のような選択肢リストから自分が選択した項目（結婚相手と新居）を補いながら，最初は横並びのペアの相手と，次に前後・斜めのペアの相手とも対話します。

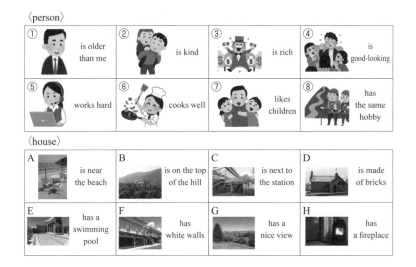

　ペアの相手と対話が完了すると，以下のようなメモシートにペアの相手の希望に相当する番号（結婚相手）と記号（新居）に印を付けます。

	Myself	Friend 1 (　　)	Friend 2 (　　)	Friend 3 (　　)
person	① ② ③ ④ ⑤ ⑥ ⑦ ⑧	① ② ③ ④ ⑤ ⑥ ⑦ ⑧	① ② ③ ④ ⑤ ⑥ ⑦ ⑧	① ② ③ ④ ⑤ ⑥ ⑦ ⑧
house	A B C D E F G H	A B C D E F G H	A B C D E F G H	A B C D E F G H

　ステップ3は，ステップ2で集めた級友からの情報をもとに，級友が理想とする結婚相手と新居を紹介する英文を作成します。加えて，自分が理

第5章　チャンク文型論の展開

想とする結婚相手と新居を紹介する英文も作成します。

My friend Satoru wants to marry a person who is kind. He wants to live in a house which is near the beach.

My friend Keiko wants to marry a person who has the same hobby. She wants to live in a house which has a swimming pool.

I want to marry a person who is rich. I want to live in a house which has a fireplace.

　もちろん，自分が理想とする結婚相手と新居については，各自辞書を使いながら，上記の選択肢にない表現を使って発表するように促しても構いません。また，最初から文字化するのではなく，まずは口頭で発表し，その後でノートに発表内容を文字化するようにしても構いません。ここでも，新学習指導要領が謳っている「やり取り」から「発表」への流れを自然な形で実現することができます。実際の授業では，ステップ1からステップ3までの流れをA4用紙1枚の両面にまとめたタスクシートを作成して行うと，タスク活動もスムーズに展開できると思います。対話するときは，手を後ろに組んで行うように指示すると，タスクシートを見ることなく，相手とアイコンタクトを保ちながらコミュニケーション活動に勤しむことができるようになります。対話を覚えきれない学習者のためには，モデル・ダイアローグを黒板に書いておくか，スクリーンに投影しておくと効果的です。
　このタスクをさらにグレードアップさせるためには，結婚相手と新居それぞれについて，2つの選択肢を選ばせて，対話をさせてみてください。具体的には，結婚相手に関しては，上段（①〜④）から1つ，下段（⑤〜⑧）から1つを選び，新居に関しては，上段（A〜D）から1つ，下段（E〜H）から1つを選択させます。結婚相手の場合も新居の場合も，上段がBe動詞文，下段が一般動詞文の表現となっており，よりバラエティに富んだ対話

が可能になります。加えて、結婚相手と新居についての対話相手の希望を確認するターンを組み入れると、対話相手の表現を正確に聞き取ることが必要となり、より実際の会話に近づくことになります。ここでも、下線部がこの文型タスクでのチャンクとして機能しています。

A: What kind of person do you want to marry?
B: I want to marry <u>a person *who* is younger than me and has the same hobby</u>.
A: Oh, I see. Then what kind of house do you want to live in with your partner?
B: I want to live in <u>a house *which* is by the lake and has a large garden</u>.
A: So you want to marry <u>a person who is younger than you and has the same hobby</u>, and you want to live in <u>a house which is by the lake and has a large garden</u>, right?
B: Yes, that's right.
A: Sounds great (fantastic, wonderful)!

ここまで来ると、もう中学校での学習の域を超えているとは思いますが、文法タスクをより充実したものにするための方略としてご理解いただければ幸いです。

7. まとめ

本章では、前章で論考したチャンク文型論の主張、つまり ① 学問的整合性よりも学習効果を優先する、② 文型の構成単位をチャンクと考える、③ 学習が進むにつれて文型の形を変化させる、④ 言語学習をチャンクの多様化と拡大のプロセスと考える、⑤ 文型を英文理解だけでなく英文産出のためにも活用する、⑥ 和文英訳で意識的・認知的な文型学習が可能になる、という考えを考慮に入れながら、チャンク文型論の展開方法について

第 5 章　チャンク文型論の展開

説明してきました。

　文型を頭で理解するだけでは，必ずしもコミュニケーション能力の育成に繋がらないとの前提で，文型を使うための活動も紹介してきました。それらの多くは，CLT によって否定された Audiolingual Method で推奨された文型練習が基本になっています。しかし，Audiolingual Method での文型練習が主にセンテンス・レベルで行われていたのとは異なり，ここで紹介した活動はディスコース・レベルでの文型練習となっています。加えて，単なる機械的な置き換え練習になることを避けるために，なるべくコミュニカティブな要素を加えて，形式だけでなく意味にも注意を払う文型学習を紹介してきました。本書では，それを Communicative Structural Teaching と呼んでいますが，なるべく CLT で多用される情報の授受を伴うペアやグループ学習との整合性も図りました。

　さらに，ペアやグループでの活動も「やり取り」のレベルに留まることなく，それを「発表」の段階まで発展させる方法についても紹介してきました。それらは，ペアやグループでの活動が基礎になっているという点で，協同学習 (cooperative learning) の要素も含まれていると思います。加えて，「聞くこと」「話すこと」に「読むこと」「書くこと」の要素も加えて，文型を軸とした 4 技能統合型学習の推進を提案しています。文法と 4 技能の統合については，Richards and Reppen (2014, p. 19) が次のように述べています。

> Grammar is not an end in itself but a means to an end. With this in mind, it is essential that grammar is taught and practiced across all skills and in a manner that moves from part to whole or from sentences to entire texts.
>
> （文法はそれ自身目的ではなく，目的に向かっての手段です。この点を考慮すれば，文法を 4 技能すべてと関連させながら，かつ，部分から全体へ，そして，センテンスからテキスト全体へと発展する形で指導し，練習することが必要不可欠です）

　この考えは文型指導にも活かされるべきであるという考えから，文型を

7. まとめ

「知識」としてだけでなく，「能力」として捉え，学習者が文型をなるべく多様な技能と統合させながら使ってみる活動もチャンク文型論の重要な柱に位置付けました。従来の文型指導が文型の英語学的説明，それに基づく文法的知識の獲得に焦点が当てられがちであったことへの反省がそこに活かされています。このように，文型は，言葉の理解を促進するだけでなく，言葉の使用も手助けするというのが，チャンク文型論の基本的考えですが，それがどの程度成功しているかについては，読者の方々のご判断にお任せしたいと思います。

注

(1) 文の種類に関しては，肯定文に対して否定文，平叙文に対して疑問文・命令文・感嘆文という用語が一般的に使用されていますが，このような区別は入門期の学習者には難しいので，本書では，肯定文，否定文，疑問文という区別を採用しています。
(2) 現時点（2019 年 3 月）で使用されている中学校用英語教科書 *One World English Course*（教育出版）の中学 1 年生用から中学 3 年生用の教科書の中の本レッスンの中の本文から抜き出しました。
(3) Johnson (1982, pp. 163–175) は教室活動をコミュニカティブにするための原則として，① Information transfer（情報転移），② Information gap（情報格差），③ Jigsaw（ジグソー，つまりそれぞれが持っている不十分な情報を組み合わせることによって意味のある情報に仕上げる活動），④ Task dependency（1 つの活動が次の活動の前段階になるように工夫すること），⑤ Correction for content（誤り訂正は内容に関するものに限定すること）という 5 つの原則を，具体例を示しながら提示しています。いずれの原則もコミュニケーション活動を工夫する上でとても参考になります。
(4) City Map の中の名称がない建物（A～H）の名称は以下のとおりです。A: gymnasium, B: swimming pool, C: post office, D: fire station, E: church, F: department store, G: hospital, H: museum, I: bus terminal, J: elementary school, K: police station, L: library

　1 回のやりとりではすぐに問題の建物の名称が確定できない場合もあります。実際，2～3 回のやりとりで集めた情報を総合してやっと問題の建物の名称が確定

第5章　チャンク文型論の展開

できるようになっています。まさに英語で考えなければならない部分が組み込まれています。学習者がそのあたりに抵抗を感じるようであれば，名称が不明な建物の数を減らすことによって，取りくみやすくなります。

(5)　ここで紹介しているタスクは，筆者の前任校である鳴門教育大学大学院での授業（英語科教育特論 I）で受講生（グループ）によって提案されたタスクが下敷きになっています。

第**6**章

結　　論

1.　教室での学習の再評価

　ここしばらく CLT (Communicative Language Teaching) が外国語教育の主流をなしてきましたが，そのもとでは学校の教室は，人工的で人為的な学習環境であり，外国語の学習にとっては不利な環境だと見なされる傾向にありました。その結果，その中で行われるコミュニケーション活動も authentic (真正) なものではないので，教師の注意は，もっぱら実社会で行われている自然なコミュニケーションの要素をいかに教室の中に取り込み，再現するかに注がれてきました。そのための指導法として，ロールプレイやシミュレーションなどが推奨されました。我が国においても，ALT が教室に入り込む中で，教室をストリートやファーストフード店に見立てての ALT とのコミュニケーション活動が積極的に取り入れられました。

　教室内での教師の発話いわゆる teacher talk もなるべく実社会で行われている genuine communication (真正なコミュニケーション) の特質を持つことが要求されました。しかし，それは並大抵なことではありません。特に，英語を母語としない教師にとってはそうです。教室でのコミュニケーションの真正性 (authenticity) にこだわる Nunan (1987) は，外国語教師が目指すべき真正なコミュニケーションの特徴として以下の 4 点を挙げています。

　①　コミュニケーションの当事者間での情報の偏り
　②　追加説明のリクエストや内容がきちんと伝わっていることの確認な

175

第 6 章　結　論

　　どを通しての当事者間での意味の交渉
　③　複数の当事者による会話のトピックの指定と交渉
　④　会話に積極的に関わるかどうかを決定する権利が当事者にあること

Nunan (1987) は，CLT に則って授業をしているとされる教師達の教室内での発話を分析した結果，そのほとんどの発話において authenticity が欠落しており，コミュニカティブではなかったと報告しています。同じような意見は，Kumaravadivelu (1993, p. 13) によっても表明されています。

Research studies show that even teachers who are committed to communicative language teaching can fail to create opportunities for genuine interaction in their classrooms.
（調査結果から，CLT を実践していると思っている教師でさえも，教室内で正真正銘のインタラクションの機会を創造できていません）

しかし，Nunan や Kumaravadivelu のようにコミュニケーション活動の真正性 (authenticity) を実社会でのコミュニケーションにおける真正性に求めることは必ずしも賢明なことではありません。Breen (1985) は，早い段階からこの点に気付き，外国語教室で追求すべき真正性には次の 4 つの種類があると主張しています。

　①　言語テキストの真正性
　②　コミュニケーションの相手に対する真正性
　③　コミュニケーションの目的に対する真正性
　④　社会的場面に対する真正性

従来の CLT では，これら 4 つの種類の真正性のうち，第 1 の言語テキストの真正性のみが重視される傾向にあり，特に英国の出版社から言語テキストの真正性を謳った教材がたくさん出版されました。Nunan や Kumaravadivelu の主張は，この言語テキストの真正性を教室で教師が話す teacher talk に求めたものであり，結果的にその実態は実社会で行われている真正なコミュニケーションとはほど遠いという結論に達したものと思われます。

これら teacher talk に真正なコミュニケーションとしての特質を求める Nunan らの主張に真正面から反対の見解を示しているが，Maley (1980, p. 13) です。

> Classrooms have their own kind of authenticity. The teacher's objective then becomes to create an authentic learning community rather than to try desperately to import the outside world.
>
> （教室にはそれ特有の真正性があります。だとすれば，教師の目標は，むやみに外の世界を教室の中に持ち込もうとすることではなく，その中に本物の学習共同体を構築することになります）

つまり，外国語教室では外国語教室特有の真正性を追求すべきであるという主張です。同様に，Cullen (1998, p. 180) は，外国語授業での teacher talk の真正性を判断する場合，上の Breen の分類に従えば，②〜④ の真正性の方を重視すべきであると考え，次のように主張しています。

> Attempts to define communicative talk in the classroom must be based primarily on what is or is not communicative in the context of the classroom itself, rather than on what may or may not be communicative in other contexts.
>
> （教室でのコミュニカティブ・トークを定義する試みは，もっぱら，教室以外のコンテクストでなく，教室というコンテクストそのものの中でそれがコミュニカティブであるかどうかという規準に基づかなければなりません）

加えて，最近の社会構成主義的学習理論からは，異なる個性・背景・経験・知識を有する学習者が集う学校の教室は，"a complex drama of social interaction" つまり「社会的なインタラクションで構成された複雑なドラマ」(Seliger, 1983, p. 246) が展開される場であり，人工的・人為的で外国語

第 6 章　結　論

　学習に不向きな環境であるどころか，むしろ外国語学習に適した学習環境であるという主張も聞かれます。同様に，Swan (1985, p. 84) も外国語教師による学習者観の転換を次のように求めています。

> Each individual in a class already possesses a vast private store of knowledge, opinions, and experience; and each individual has an imagination which is capable of creating whole scenarios at a moment's notice.
>
> （クラスの個々の学習者は，広範囲に及ぶ個人的な知識や考えや経験の蓄えを有しています。加えて，教師からの求めに応じて瞬時にシナリオ全体を創造することを可能とする想像力も兼ね備えています）

　この考えに従えば，外国語の学習者は決して単なる知識の受け皿ではなく，それぞれ独自の欲求・感情・経験・知識等を持っており，それらを外国語で互いに発表させることによって，教室を単なる学習の場から，違った個性を持った人間が互いに影響を及ぼしあう社会的な場へと変えることができるのです (伊東, 1988)。

　このような教室観・学習者観の転換は，コミュニケーション能力の育成もさることながら，文法指導，文型指導に対しても重要な意味をもっています。外国語教室の学習者は，外国語を習得するという同じ目的を共有しています。教師は，学習者と同じ母語を共有しており，その母語での文法説明が可能です。かつ，学習者の中には，母語の学習で獲得した文法概念が存在しています。教師は，それを活性化していけばよいのです。アメリカの大学で学ぶ様々な国からやって来た留学生を対象としたESL（第二言語としての英語）クラスではあり得ない状況です。

　昨今，既に第 4 章でも触れたように，外国語の学習における学習者の母語の役割を見直す動きが顕著になってきています (Deller & Rinvolucri, 2002; Turnbull & Dailey-O'Cain, 2009; Cook, 2010; Hall & Cook, 2013)。文法指導および文型指導のコンテクストでは，学習者が持っている母語に関する知識が重要な役割を担うことになります。第 4 章でも紹介した柳瀬 (2012, p. 64) も「日本語文法の有効活用は，英文法を体現した表現を生成しやすくする

という主目的を果たしながら，日本語への洞察も深まるという副産物も生み出します」と述べ，「授業は英語で行うことを基本とする」という文部科学省の方針（文部科学省, 2018c, p. 151）とは異なる見解を表明しています。

　いずれにしても，これまでは，学校の教室は人工的・人為的な学習環境で，外国語の学習には基本的に不向きであり，外国語の自然な習得過程を阻害するものとして否定的に捉えられがちでしたが，近年，教師による適切な教育的介入を伴う教室での学習を積極的に評価する動きが顕著になってきています。この流れを予見していたのか，Widdowson (1990, p. 162) は，自然な環境での学習に対する教室での学習の優位性を次のように力説しています。

The whole point of pedagogy is that it is a way of short-circuiting the slow process of natural discovery and can make arrangements for learning to happen more easily and more efficiently than it does in 'natural surroundings'.

（教授法の本質は，それが自然な発見学習の緩やかなプロセスを簡略化するための手段であり，学習が自然な環境の中よりもより容易に，そしてより効率的に実現されるための手順を準備することができるということに尽きます）

つまるところ，外国語としての英語教育における文法指導・文型指導にとって，学校の教室という学習環境は，最適とは言えないにしても，実に好ましい環境なのです。

2.　入門期教育英文法の核としての文型指導

　中学校の段階で多くの生徒が英語嫌いになると言われていますが，特にその数が増えるのが1年次の2学期あたりです。いわゆる三単現のsが指導される時期で，それまではどちらかと言えば覚えるだけで対応できていた英語の学習が急に理屈っぽくなってしまうと感じる生徒が多いようです。

第6章 結　論

　その後も，不定詞・動名詞，比較級に最上級，後置修飾に関係代名詞，現在完了に受け身形と，多様な文法事項が次々に導入され，英語が嫌いで未消化なまま多くの生徒が高校に進学していきます。高校に入学すると，例外なく5文型の指導が待っています。その結果，ますます英語嫌いが増え，大学生の文法力も低下の一途をたどっているように思えます。

　一方，第二言語習得研究では，チョムスキー (1965) の生得論の立場に立つにせよ，VanPatten (1996) の input processing 理論に従うにせよ，Tomasello (2003) の用法基盤理論に従うにせよ，文法は教えられるものではなく，学習者が獲得していくものであると考えられており，よって明示的な文法指導は必要ではないと考えられています。Krashen (1982) のインプット仮説がその最たるものです。ただ，このような考えは，基本的に幼児の言語発達に強い関心をもち，幼児に分かりやすいことばを辛抱強く投げかけてくれる大人達に囲まれての自然な言語学習環境での第二言語習得を念頭に入れています。日本の学校英語教育のように，時間的にも教育・学習リソースの面でも，非常に限られている状況下での外国語としての英語学習においては，教師からの積極的な介入や，文法の明示的な指導はある程度必要であると考えられます。ただ，その文法は，学習者のレベルに合わせたものでなければならず，その内在化を支援するのが教師の重要な役割であると信じています。しかし，昨今の CLT の隆盛と，教師中心主義から学習者中心主義へと外国語教育のパラダイムがシフトする中で，文法学習を支援することを意図した教師による学習過程への介入は表向き忌避される傾向にありました。

　しかしながら，文法指導の在り方に関しては，国内外を問わず，多くの先人達が貴重な助言や提言を発しています。それらの助言や提言から学べることが多くあります。例えば，West (1952, p. 26) は，文法指導が "the resort of the teacher who does not really know the language he is teaching" つまり「教えている言語をよく知らない教師にとっての逃げ場」となっている現状への警告を発しています。Allen and Widdowson (1975, p. 47) は，文法指導を目的化してはならず，あくまで "a useful aid in helping students to achieve the practical mastery of a language" つまり「学習者が学習して

2. 入門期教育英文法の核としての文型指導

いる言語を実地に使えるようになるのを支援するための有用な道具」として見なすべきだと提言し，教育（学習）英文法の必要性を強調しています。国内に目を移せば，小山内 (1985, p. 213) が教育文法を「英語学習が，より多くの生徒によって，より速く，より愉快に，よりたやすく行われるようにするための，「縁の下の力もち」的文法」と定義し，黒川 (1983, p. 6) はそれに加えて「学習者が日本の学校で学ぶ日本人生徒であるという事実を強く意識した文法」の必要性を説いています。この黒川の発想は，次の Celce-Murcia (1985, p. 297) の立場と呼応しています。

In reality there are many different types of language learners and many different purposes for learning ESL. Each teaching-learning context deserves its own answer to the question of whether or not grammar should be emphasized. There is no single right or wrong position to take.

（実際のところ，学習者のタイプは実に多様で，第二言語として英語を学ぶ理由も様々です。それぞれの教授・学習環境は，文法がどれほど強調されるべきかという問いかけに対して独自の解答を必要としています。唯一正しい解答もなければ，唯一間違った解答もないのです）

本書で提案したチャンク文型論は，これらの教育英文法の哲学を日本の学校英語教育における文法指導に適用したものです。筆者は，ここしばらくフィンランドの英語教育に関心をもち，現地に赴き，小学校から高等学校に至るまで，多くの英語授業を参観してきました (Ito, 2013; 伊東, 2014a)。その中で多くのことを学ばせてもらいましたが，特に強く印象に残っていることがひとつあります。それは，鉄は熱いうちに打てという格言どおり，英語が好きなうちに文法を教え込むという姿勢です。しかも，それが英語嫌いを増やしているかと言えば，そうでもないのです (Ito, 2010)。われわれは，文法指導が英語嫌いを助長するという観念，Bazan (1964) がその危険性を指摘した Assumption without Proof「検証されていない仮説」にとらわれすぎてきたきらいがあります。この種の固定観念にとらわれずに，英語学習の早い段階から文型を中心とした文法指導が必要なのではないで

第 6 章 結　論

しょうか。文法が英語嫌いを生み出すのではなく，英語嫌いを生み出すのは教える文法の中身とその教え方だという発想の転換が必要です。Larsen-Freeman (2002, p. 104) は，次のように文法の価値を認めています。

Rather than being a linguistic straitjacket, grammar affords speakers of a particular language a great deal of flexibility in the ways they can express propositional, or notional, meaning and how they present themselves in the world.

（文法は，言語的拘束服であるよりはむしろ，当該言語の話し手に命題的あるいは概念的意味を表現する方法と，自分の考えを世界に向かって表明する方法において，莫大な柔軟性を付与してくれます）

これは，文法そのものに対しての発言ですが，当然，文型にも当てはまると思います。なるほど文型は，最初のうちは学習者の発話を縛るものかもしれませんが，いったん自分のものにすると，そこから自由な発話へと飛翔していくことができるのです。Cullen (2008) は，それを文法に備わっている liberating force つまり「自由にしてくれる力」として捉えています。

筆者は，伝統芸能での形の学習と文型学習の間には類似点があると考えています。伝統芸能における「形」の意義について，山田 (2002, pp. 167–168) は次のように述べています。

　芸道には「守・破・離」というものがある。「守」はひたすら「形」をまねる時期，「破」は「形」をわがものとした後に独自の工夫をする時期，「離」は「形」を離れて「型」を完成させる時期だといってよいだろう。「破」の段階で目指されるものが個性だともいえるが，それは現代風の「何でもあり」な個性ではなくて，「形」を崩すことなく加えられる微細な創造性である。それを指すことばに「風」がある。

　歌舞伎でいうならば，役者が名跡を継ぐのは，先代の芸のコピーが相当なレベルに達したときである。「芸が先代に似ている」は，歌舞伎ではほめことばであり，先代が死んでもその芸が次代に再生されて，芸の

いのちがつながっていることの証が、「似ている」ということになる。後継者は、最初は先代の芸を「守」るが、やがてそれを「破」り、「離」れて、自分の色というものが出てくる。それがその役者の芸「風」になる。

この芸道における「守・破・離」の哲学は、日本人学習者のメンタリティに合致しており、英語学習においても尊重されるべき指針ではないかと密かに考えています。科学を標榜する英語教育学の研究者としては不適格な発言かもしれませんが、読者の皆さんはどう思われますか。

その点はともかくとして、本書で提案したチャンク文型論は、日本の学校英語教育のような「外国語としての英語教育」、しかもその入門期での文法指導においては、文型、それも学習者にやさしい文型の指導を軸に展開することが望ましいと考えた結果生まれてきた発想です。第2章でも紹介しましたが、条件的学習と概念的学習を区別している Andersson (1969) は、L2学習開始当初は条件的学習が圧倒的に優勢であるが、年齢が進むにつれて概念的学習も子どもによって採用されるようになり、10歳頃に両者の優位性が入れ替わると提言しています。この条件的学習と概念的学習の区別は、全体的学習 (holistic learning) と分析的学習 (analytic learning) の区別に捉え直すことが可能ですが (Celce-Murcia, 1985)、この区別に従えば、小学校高学年から中学校1年次の学習者には、全体的学習 (holistic learning) と分析的学習 (analytic learning) の両方が共存していると言えます。本書で提案したチャンク文型論で使用する文型（例えば A is B ）は、その性質上、この2種類の学習を想定しており、その意味で学習者の発達段階に実にマッチしていると言えます。全体的と分析的という両方の学習の要素を備え持つ文型指導が入門期での英文法指導の中核に位置付けられる理由がそこにあります。

3. 小中高連携の触媒としての文型指導

2008年3月告示の小学校学習指導要領で外国語活動が高学年で必修化

第6章 結　論

されて以来，小中連携が大きな課題となってきました。外国語活動はあくまで「領域」であって，「教科」ではありません。その目標は以下のように規定されていました（文部科学省，2008a, p. 107）。

> 外国語を通じて，言語や文化について体験的に理解を深め，積極的にコミュニケーションを図ろうとする態度の育成を図り，外国語の音声や基本的な表現に慣れ親しませながら，コミュニケーション能力の素地を養う。

同時期に告示された中学校学習指導要領では，外国語の目標が「コミュニケーション能力の基礎を養う」（文部科学省，2008c, p. 105）と規定されていましたので，小学校の外国語活動で培われる「素地」をいかに中学校での「基礎」につなげていくかが焦点となりました。その中で，外国語活動は原則「聞くこと」と「話すこと」の指導が中心となっており，中学校から始まる「読むこと」と「書くこと」の指導へのレディネスをどのようにして高めていけばよいのか，研究者や現場教師の模索が始まりました。当然のことながら，文字指導への関心が高まっていきました（例：田中，2017）。ただ，外国語活動での文字の扱いに関しては，以下のように規定されていました（文部科学省，2008b, p. 19）。

> 外国語を初めて学習する段階であることを踏まえると，アルファベットなどの文字指導は，外国語の音声に慣れ親しんだ段階で開始するように配慮する必要がある。さらに，発音と綴りとの関係については，中学校学習指導要領により中学校段階で扱うものとされており，小学校段階では取り扱うこととはしていない。

その結果，小学校段階での文字指導は，アルファベットを中心にその音声と文字の形に慣れさせることに指導の主眼が置かれました。しかし，外国語活動の指導が進行していくなかで，現場の先生方の間では，子ども達の間での文字への関心が強いこと，加えて中学校からは文字を使っての活動

3. 小中高連携の触媒としての文型指導

である「読むこと」と「書くこと」が組織的に指導されるようになる点を考慮し，文字指導への関心がいっそうの高まりを示していきました。その中で，音声と文字の繋がりを指導するフォニックス (phonics) への関心も高まっていきました。

その後，2017年3月に次期小学校学習指導要領が告示された段階で，発音と綴りとを関連付けて指導することは従来通り中学校での指導範囲としながらも，高学年から展開される教科としての「外国語」においては，アルファベットのみならず「語の中で用いられる場合の文字が示す音の読み方を指導すること」も指導範囲とされ，語彙の指導の中で「音声と文字とを関連付ける指導」を展開することが正式に認められました。その結果，本来，アルファベットのみならず，単語の中での音声と文字の繋がりもターゲットとしているフォニックスへの関心はいっそう強化されることになりました。

このように，従来の小中連携の取り組みにおいては，文字指導が主要な柱となっていましたが，2017年3月に告示された次期小学校学習指導要領においては，高学年での教科としての「外国語」において「読むこと」と「書くこと」も指導範囲となり，「文及び文構造」も新たに明示されています。加えて「文字，語彙，表現，文構造，言語の働きなどについても日本語との違いに気付くこと，さらに，気付きで終わるのではなく，それらが外国語でコミュニケーションを図る際に活用される，生きて働く知識として理解されること」(文部科学省, 2018b, p. 70) が求められています。つまり，英語を「活動」としてではなく，「ことば」として学習することがより前面に打ち出されています。今後，ことばとしての学習の観点からの小中連携が大きな課題になると思います。その点を踏まえ，筆者は中学校で展開される「発音と綴りとを関連付ける指導」への連携もさることながら，本書で提案しているチャンク文型論が小中連携，いや高校での指導も視野に入れた小中高連携の重要な柱になるべきだと考えています。

第2章で紹介したように，第二言語習得の初期の段階においてはいわゆる定型表現 (formulaic language) が多く活用されており，かつ，それらを基盤としてより複雑な文法体系が獲得されていくことが明らかにされていま

第6章 結　論

す。また，本書が推奨するチャンク文型論においては，伝統的5文型のようにすべて記号で表記されるもの（例えばSVCやSVO）は「構造」として，「文型」の後の発達段階において教えられるべきものと位置付けられています。これらのことを考慮して，文法指導における小中高の連携を次のように構想しています。

　小学校： 豊富な語彙の学習
　　　　　 定型表現に慣れ親しむ
　中学校： 定型表現から文型へ
　　　　　 小学校で習っている多様な語彙を文型指導で活用
　高　校： 文型から構造，文法規則へ
　　　　　 関係学習のさらなる推進

話を分かりやすくするために，"Nice to meet you." という英文を例に取って説明します。まず，小学校では，この "Nice to meet you." を定型表現として扱います。定型表現である以上，その構造的分析は行いません。小学生は，この表現を使って友達やALT（時には授業に特別参加する大人達）とコミュニケーション活動を行うことになります。その目的は，この表現に慣れ親しむとともに，コミュニケーションへの積極的態度を育成することにあります。中学校では，この "Nice to meet you." という表現の構造を理解した上で活用することを目指します。つまり，中学生は "Nice to meet you." が "It is nice to meet you." の冒頭部を省略した形であり，かつ，冒頭の It がいわゆる仮主語で to meet you が真主語として機能していることを理解します。かつ，そのもともとの英文は，"It is important to study English." と同じ文型に属することも理解し，これらの英文をもとに，様々な英文を理解し，活用することが求められます。高校では，この表現が使える場面を，類似表現である "Nice meeting you." と比較することによって，より的確に把握することになります。つまり，原則として，"Nice to meet you." が人と出会った時に使われ，"Nice meeting you." が人と別れる時に使用される傾向にあることを，高校生は理解することにな

3. 小中高連携の触媒としての文型指導

ります。加えて，"Nice to meet you." の類似表現である "Glad to see you again." は使えるが，"Nice meeting you." が使えるからといって，"Glad seeing you again." は非（文法的英）文となることを理解することになります。

　このように，文型を軸とした小中高連携の枠組みでは，小学校での段階（高学年の外国語）では，定型表現を中心とした指導が展開されることを想定しています。次期小学校学習指導要領においても，文や文構造の指導に当たっては「文法の用語や用法の指導を行うのではなく，言語活動の中で基本的な表現として繰り返し触れることを通して指導すること」（文部科学省, 2018b, p. 66）が求められています。しかしながら，本書で推奨しているチャンク文型論は，当面中学校からの実践を想定していますが，今後，小学校での英語教育，特に6年生の段階での指導においても，部分的にでも取り入れて行く価値があると思われます。現に，次期小学校学習指導要領解説の中には，次のような説明が見受けられます（文部科学省, 2018b, p. 130）。

　主語＋動詞＋補語という文構造を用いて人物を紹介する際，次のように音声とともに英文を列挙して提示することで，is が共通して用いられることや，is の後ろに説明する語句が続くことなどに気付かせることができる。
This is my hero.
He is a good tennis player.
He is cool.

ここには，まさに定型表現から文型への移行が示唆されています。決して中学校での指導の前倒しとしてではなく，入門期での学習のあるべき姿を予見しているとも言えます。本書の執筆に当たって，もともとは『中学校から始める英語文型指導』というタイトルを考えていましたが，学習指導要領の改訂に伴い，小学校英語の教科化が現実のものとなった今，小学校段階からの文型指導の可能性も視野に入れて，『入門期からの英語文型指導』というタイトルに変更したいきさつがあります。いずれにしても，文

第 6 章　結　論

型を小中高連携の軸とするという基本路線に変更はありません。

　なお，これは余談ですが，本節の冒頭で，小中連携の軸として文字指導，加えてそのための方法論としてフォニックスに研究者や現場の先生方の関心が集まっていることに触れました。なるほど，フォニックスは音声と文字の繋がり，さらには発音と綴りの繋がりを意識させる上でそれなりの効果は期待できると思いますが，小学校段階での発音指導においては，児童は分析的学習よりも全体的学習に長じている点，その結果として単語の音のリズムに敏感である点などを考慮し，入門期での文の仕組みを指導するための手段として「文型」が有効であるように，入門期での発音の指導においては単語の発音の全体的なパターンを視覚化した「音型」の方が有効ではないかと考えています（伊東，2014b）[1]。この点については，稿を改めたいと思います。

　最後になりますが，教育文法について "There is no single right or wrong position to take!" と述べている Celce-Murcia（1985, p. 297）の助言に従うならば，本書で提案したチャンク文型論に基づく文型指導が入門期での唯一の指導法とは思いません。ただ，読者の方々にとって，入門期での英語指導，とりわけ文法指導の在り方を考える上での参考資料の 1 つになれば幸いです。

注

(1)　音型とは音楽の分野でよく使用されていますが，筆者は英語の発音を視覚化するための方法として提案しています。例えば，英語の sandwich を，日本語を母語とする学習者が発音すると，日本語の開音節構造に引きずられて，サンドイッチつまり○○○○○○のように 6 拍で発音しがちです。英語の sandwich は 2 音節語で，かつ母音が強いだけでなく長く発音される傾向にあるので，◯○のように発音されます。この形を筆者は音型と呼んでいます。自身の経験ですが，若かりし頃，アメリカのアイオワ州にある州立大学に留学しました。現地に到着後，それまで住んでいた広島にはなかったマクドナルドに是非とも行ってみたいと思い，アメリカ人の学生に "Where is McDonald's?" と尋ねました。返ってきた

3. 小中高連携の触媒としての文型指導

答えは "I don't know." でした。やはり，アメリカでも片田舎と言われるアイオワ州の町にはないのかなとひとり合点していましたが，週末にショッピング・モールに行くと，すぐに McDonald's の看板が目に入りました。今思い返せば，おそらく，自分の McDonald's の発音が○○○○○○の6拍で，英語母語話者が馴染んでいる音型○◯○から完全にずれていたためではないかと思います。英語学習の初期の段階での発音指導では，このような音型を教える方が，個々の音の正確さを期すよりは有効ではないかと考えています。

引用文献

アイゼンク, M. W. (2008)『アイゼンク教授の心理学ハンドブック』京都: ナカニシヤ出版.
安藤貞雄 (1983)『英語教師の文法研究』東京: 大修館書店.
安藤貞雄 (2005)『現代英文法講義』東京: 開拓社.
安藤貞雄 (2008)『英語の文型——文型がわかれば, 英語がわかる』東京: 開拓社.
和泉伸一 (2009)『「フォーカス・オン・フォーム」を取り入れた新しい英語教育』東京: 大修館書店.
伊東治己 (1979)「母国語使用の問題」垣田直巳 (編)『英語教育学研究ハンドブック』(pp. 310–319) 東京: 大修館書店.
伊東治己 (1982)「英語学習入門期における COMPREHENSION APPROACH の実験的試み」『広島大学附属中学校研究紀要』第 28 集, 19–46.
伊東治己 (1987)「中学校での Communicative Structural Teaching の試み」垣田直巳先生御退官記念事業会 (編)『英語教育学研究』(pp. 330–342) 東京: 大修館書店.
伊東治己 (1988)「自己表現力養成にむけての新しい視点——手段としての自己表現」『中部地区英語教育学会紀要』No. 17, 198–203.
伊東治己 (1992)「日本人英語学習者のための文法指導を考える (1)——教育英文法に求められる三つの条件」『奈良教育大学紀要』第 41 巻第 1 号 (人文・社会科学), 1–22.
伊東治己 (1993)「日本人英語学習者のための文法指導を考える (2)——入門期における文型指導のすすめ」『奈良教育大学紀要』第 42 巻第 1 号 (人文・社会科学), 1–19.
伊東治己 (1995)「外国語学習における文型の役割再評価——定型表現に関する心理言語学的研究を踏まえて」松村幹男先生御退官記念事業会 (編)『英語教育学研究』(pp. 110–121) 広島: 渓水社.
伊東治己 (1997)『カナダのバイリンガル教育——イマーション・プログラムと日本の英語教育の接点を求めて』広島: 渓水社.
伊東治己 (編著) (1999a)『コミュニケーションのための 4 技能の指導——教科書の創造的な活用法を考える』東京: 教育出版.

引用文献

伊東治己 (1999b)『中学校英語基本構文の定着過程とそれを支援する認知能力に関する実証的研究』(平成9年度～10年度科学研究費補助金 (基盤研究 C) 研究成果報告書),奈良教育大学教育学部英語教育研究室.
伊東治己 (編著) (2008)『アウトプット重視の英語授業』東京: 教育出版.
伊東治己 (2014a)『フィンランドの小学校英語教育——日本での小学校英語教科化後の姿を見据えて』東京: 研究社.
伊東治己 (2014b)『小学校英語教育論——教科内容学に基づく小学校教科専門科目テキスト』鳴門教育大学.
伊東治己 (2016)『インタラクティブな英語リーディングの指導』東京: 研究社.
伊藤泰子 (2013)「ろう児はどのように文字習得をするか」『愛知工業大学研究報告』第48号, 71–76.
今井隆夫 (2010)『イメージで捉える感覚英文法——認知文法を参照した英語学習法』東京: 開拓社.
ヴィゴツキー, L. (柴田義松訳) (1934, 2001)『思考と言語』(新訳版) 東京: 新読書社.
太田信夫・佐久間康之 (編著) (2016)『英語教育学と認知心理学のクロスポイント——小学校から大学までの英語学習を考える』京都: 北大路書房.
大津由紀雄 (編著) (2012a)『学習英文法を見直したい』東京: 研究社.
大津由紀雄 (2012b)「日本語への「気づき」を利用した学習英文法」大津由紀雄 (編著)『学習英文法を見直したい』(pp. 176–192) 東京: 研究社.
大西泰斗・マクベイ, P. (2018)『ハートで感じる英文法 (決定版)』東京: NHK出版.
小山内洸 (1985)「「教育文法」の内容と方法」黒川泰男・小山内洸・早川勇『英文法の新しい考え方学び方——日英比較を中心に』(pp. 210–260) 東京: 三友社出版.
クーン, T. (中山茂訳) (1971)『科学革命の構造』(原著は1962年刊行) 東京: みすず書房.
黒川泰男 (1983)「「教育文法」についてひと言」『英語教育』第32巻, 第2号, 6–7.
斎藤兆史 (2007)『英文法の論理』東京: 日本放送出版協会.
杉本宣昭 (2006)『英語チャンク学習法』(改訂新版) 東京: 宝島社.
ソシュール, F. (小林英夫訳) (1940, 1972)『一般言語学講義』東京: 岩波書店.
高島英幸 (編著) (2005)『英語のタスク活動とタスク』東京: 大修館書店.
高島英幸 (編著) (2011)『英文法導入のための「フォーカス・オン・フォーム」アプローチ』東京: 大修館書店.

田地野彰 (2011)『〈意味順〉英作文のすすめ』東京：岩波書店.
田地野彰 (2012)「学習者にとって「よりよい文法」とは何か？──「意味順」の提案」大津由紀雄（編著）『学習英文法を見直したい』(pp. 157–175) 東京：研究社.
田中茂範 (2012)『これなら話せるチャンク英会話』(CD-ROM 付) 東京：コスモピア.
田中茂範・佐藤芳明・阿部一 (2006)『英語感覚が身につく実践的指導──コアとチャンクの活用法』東京：大修館書店.
田中茂範・佐藤芳明・河原清志 (2003)『チャンク英文法──文ではなくてチャンクで話せ！』東京：コスモピア.
田中真紀子 (2017)『小学生に英語の読み書きをどう教えたらよいか』東京：研究社.
田鍋薫 (1982)「談話文法 (Discourse Grammar) と英語教育」『愛媛大学教養部紀要』第 XV 号，129–154.
投野由紀夫（編）(2015)『クラウン チャンクで英単語 (Basic・Standard・Advanced)』東京：三省堂.
鳥飼玖美子 (2016)『本物の英語力』東京：講談社.
西山教行 (2017)「CEFR の増補版計画について」『英語教育』第 66 巻，第 10 号，96.
南風原朝和（編）(2018)『検証 迷走する英語入試──スピーキング導入と民間委託』東京：岩波書店.
ピアジェ, J.（波多野完治・滝沢武久訳）(1967)『知能の心理学』東京：みすず書房.
広岡亮蔵 (1968)『学力論』東京：明治図書出版.
広岡亮蔵（編）(1975)『授業研究大事典』東京：明治図書出版.
福地肇 (2012)「英文法と英作文」大津由紀雄（編著）『学習英文法を見直したい』(pp. 217–230) 東京：研究社.
細江逸記 (1917, 1971)『英文法汎論』（改訂新版）東京：篠崎書林.
正高信男 (2001)「言語の獲得に聴覚は不可欠か」『日経サイエンス』2001 年 9 月号，28–33.
枡矢好弘・福田稔 (1993)『学校英文法と科学英文法』東京：研究社.
松浦伸和 (1992)「早期外国語教育は損か得か」『英語教育』第 41 巻第 4 号，20–22.
丸山圭三郎 (1975)「言語の体系」滝田文彦（編）『言語・人間・文化』(pp. 31–52) 東京：日本放送出版協会.

引用文献

丸山圭三郎 (1981)『ソシュールの思想』東京: 岩波書店.
丸山圭三郎 (編著) (1985)『ソシュール小事典』東京: 大修館書店.
宮脇正孝 (2012)「5 文型の源流を辿る: C. T. Onions, *An Advanced English Syntax* (1904) を越えて」『専修人文論集』第 90 巻, 437–465.
文部科学省 (2008a)『小学校学習指導要領 平成 20 年 3 月告示』東京: 東京書籍.
文部科学省 (2008b)『小学校学習指導要領解説 外国語活動編 平成 20 年 8 月』東京: 東洋館出版社.
文部科学省 (2008c)『中学校学習指導要領 平成 20 年 3 月告示』京都: 東山書房.
文部科学省 (2008d)『中学校学習指導要領解説 外国語編 平成 20 年 9 月』東京: 開隆堂出版.
文部科学省 (2009)『高等学校学習指導要領 平成 21 年 3 月告示』京都: 東山書房.
文部科学省 (2018a)『小学校学習指導要領 (平成 29 年告示) 平成 29 年 3 月告示』東京: 東洋館出版社.
文部科学省 (2018b)『小学校学習指導要領 (平成 29 年告示) 解説 外国語活動・外国語編 平成 29 年 7 月』東京: 開隆堂出版.
文部科学省 (2018c)『中学校学習指導要領 (平成 29 年告示) 平成 29 年 3 月告示』京都: 東山書房.
文部科学省 (2018d)『中学校学習指導要領 (平成 29 年告示) 解説 外国語編 平成 29 年 7 月』東京: 開隆堂出版.
文部科学省 (2019)『高等学校学習指導要領 (平成 30 年告示) 平成 30 年 3 月告示』京都: 東山書房.
安井稔 (2012)「学習英文法への期待」大津由紀雄 (編著)『学習英文法を見直したい』(pp. 268–277) 東京: 研究社.
柳瀬陽介 (2012)「コミュニケーション能力と学習英文法」大津由紀雄 (編著)『学習英文法を見直したい』(pp. 52–65) 東京: 研究社.
山田奨治 (2002)『日本文化の模倣と創造——オリジナリティとは何か』(pp. 167–168) 東京: 角川書店.
山田雄一郎 (2005)『英語教育はなぜ間違うのか』東京: 筑摩書房.
山家保 (1972)『実践英語教育』東京: 英語教育協議会 (ELEC).
渡辺慧 (1978)『認識とパタン』東京: 岩波書店.

Allen, J.P.B., & Widdowson, H. G. (1975). Grammar and language teaching. In J.P.B. Allen & S. P. Corder (Eds.), *Papers in applied linguistics* (pp. 45–97). London: Oxford University Press.

Anderson, Jason. (2018). Reimagining English language learners from a translingual perspective. *ELT Journal, 72*(1), 26–37.

Anderson, John R. (1983). *The architecture of cognition.* Cambridge, MA: Harvard University Press.

Andersson, T. (1969). *Foreign languages in the elementary school.* Austin: University of Texas Press.

Ball, P., Kelly, K., & Clegg, J. (2015). *Putting CLIL into practice.* Oxford: Oxford University Press.

Bazan, B. M. (1964). The danger of assumption without proof. *The Modern Language Journal, 48*(6), 337–346.

Biber, D., Johansson, S., Leech, G., Conrad, S., & Finegan, E. (1999). *Longman grammar of spoken and written English.* Harlow: Pearson Education.

Breen, M. P. (1985). Authenticity in the language classroom. *Applied Linguistics, 6*(1), 60–70.

Breen, M. P., Candlin, C., & Waters, A. (1979). Communicative materials design: Some basic principles. *RELC Journal, 10*(2), 1–13.

Bright, J. A. (1947). Grammar in the English syllabus. In W. R. Lee (Ed.), *E.L.T. Selections 1* (pp. 21–25). London: Oxford University Press, 1967.

Brooks, N. (1964). *Language and language learning: Theory and practice* (2nd Ed.). New York: Harcourt, Brace & World.

Brown, R. (1973). *A first language: The early stages.* Cambridge, MA: Harvard University Press.

Burt, M. K. (1971). *From deep to surface structure: An introduction to transformational syntax.* New York: Harper & Row.

Butzkamm, W. (2003). We only learn language once. The role of the mother tongue in FL classrooms: Death of a dogma. *The Language Learning Journal, 28*(1), 29–39.

Canagarajah, S. (2013). *Translingual practice: Global Englishes and cosmopolitan relations.* Abingdon: Routledge.

Canale, M. (1983). From communicative competence to communicative language pedagogy. In J. C. Richards & R. W. Schmidt (Eds.), *Language and communication* (pp. 2–27). London: Longman.

Canale, M., & Swain, M. (1980). Theoretical bases of communicative approaches to second language teaching and testing. *Applied Linguistics, 1*(1), 1–47.

引用文献

Carroll, B. J. (1980). *Testing communicative performance: An interim study*. Oxford: Pergamon.

Celce-Murcia, M. (1985). Making informed decisions about the role of grammar in language teaching. *Foreign Language Annals, 18*(4), 297–301.

Celce-Murcia, M. (2002). Why it makes sense to teach grammar in context and through discourse. In E. Hinkel & S. Fotos (Eds.), *New perspectives on grammar teaching in second language classrooms* (pp. 119–133). New York: Routledge.

Celce-Murcia, M., & Olshtain, E. (2000). *Discourse and context in language teaching*. Cambridge: Cambridge University Press.

Chomsky, N. (1957). *Syntactic structures*. The Hague: Mouton.

Chomsky, N. (1965). *Aspects of the theory of syntax*. Cambridge, MA: The M.I.T. Press.

Chomsky, N. (1968). *Language and mind*. New York: Harcourt, Brace & World.

Chomsky, N. (1981). Principles and parameters in syntactic theory. In N. Hornstein & D. Lightfoot (Eds.), *Explanation in linguistics: The logical problem of language acquisition* (pp. 32–75). London: Longman.

Christison, M., Christian, D., Duff, P. A., & Spada, N. (Eds.). (2015). *Teaching and learning English grammar: Research findings and future directions*. New York: Routledge.

Cook, G. (2010). *Translation in language teaching*. Oxford: Oxford University Press.

Copland, F., & Neokleous, G. (2011). L1 to teach L2: Complexities and contradictions. *ELT Journal, 65*(3), 270–280.

Council of Europe. (2001). *Common European framework of reference for languages: Learning, teaching, assessment*. Cambridge: Cambridge University Press.

Council of Europe. (2018). *Common European framework of reference for languages: Learning, teaching, assessment* (*Companion volume with new descriptors*). Retrieved from www.coe.int/lang-cefr.

Coyle, D., Hood, P., & March, D. (2010). *CLIL Content and language integrated learning*. Cambridge: Cambridge University Press.

Cruttenden, A. (1981). Item-learning and system-learning. *Journal of Psycholinguistic Research, 10*(1), 79–88.

Cullen, R. (1998). Teacher talk and the classroom context. *ELT Journal, 52*(3), 179–187.
Cullen, R. (2008). Teaching grammar as a liberating force. *ELT Journal, 62*(3), 221–230.
De Cock, S. (1998). A recurrent word combination approach to the study of formulae in the speech of native and non-native speakers of English. *International Journal of Corpus Linguistics, 3*(1), 59–80.
DeKeyser, R. M. (Ed.). (2007). *Practice in a second language: Perspectives from applied linguistics and cognitive psychology*. Cambridge: Cambridge University Press.
Deller, S., & Rinvolucri, M. (2002). *Using the mother tongue: Making the most of the learner's language*. London: First Person Publishing.
Doughty, C., & Williams, J. (1998). *Focus on form in classroom second language acquisition*. Cambridge: Cambridge University Press.
Ellis, N. C. (1996). Sequencing in SLA: Phonological memory, chunking, and points of order. *Studies in Second Language Acquisition, 18*(1), 91–126.
Ellis, N. C. (2003). Constructions, chunking, and connectionism: The emergence of second language structure. In C. J. Doughty & M. H. Long (Eds.), *The handbook of second language acquisition* (pp. 63–103). Oxford: Blackwell.
Ellis, N. C. (2012). Formulaic language and second language acquisition: Zipf and the Phrasal Teddy Bear. *Annual Review of Applied Linguistics, 32*, 17–44; doi: 10.1017/S0267190512000025.
Ellis, N. C., Simpson-Vlach, R., & Maynard, C. (2008). Formulaic language in native and second language speakers: Psycholinguistics, corpus linguistics, and TESOL. *TESOL Quarterly, 42*(3), 375–396.
Ellis, R. (1983). Formulaic speech in early classroom second language development. In J. Handscombe, R. Orem, & B. Taylor (Eds.), *On TESOL '83: The question of control* (pp. 53–65). Washington, D.C.: TESOL.
Ellis, R. (1985). *Understanding second language acquisition*. Oxford: Oxford University Press.
Ellis, R. (2000). Task-based research and language pedagogy. *Language Teaching Research, 4*(3), 193–220.
Ellis, R. (2002). The place of grammar instruction in the second/foreign language curriculum. In E. Hinkel & S. Fotos (Eds.). *New perspectives on grammar*

teaching in second language classrooms (pp. 17–34). NewYork: Routledge.

Ellis, R. (2003). *Task-based language learning and teaching.* Oxford: Oxford University Press.

Ellis, R. (2005). Principles of instructed language learning. *System, 33*(2), 209–224.

Ellis, R. (2008). *The study of second language acquisition* (2nd ed.). Oxford: Oxford University Press.

Estaire, S., & Zanón, J. (1994). *Planning classwork: A task based approach.* London: Longman.

Foster, P. (2001). Rules and routines: A consideration of their role in the task-based language production of native and non-native speakers. In M. Bygate, P. Skehan, & M. Swain (Eds.), *Researching pedagogic tasks: Second language learning, teaching and testing* (pp. 85–104). Harlow: Longman.

Fries, C. C. (1945). *Teaching and learning English as a foreign language.* Ann Arbor: The University of Michigan Press.

García, O., & Wei, L. (2014). *Translanguaging: Language, bilingualism and education.* London: Palgrave Macmillan.

Gouin, F. (1892). *The art of teaching and studying languages* (translated by H. Swan & V. Betis). London: George Philip & Son.

Gutschow, H. (1978). Pattern-oriented work in ELT. In P. Strevens (Ed.), *In Honour of A. S. Hornby* (pp. 55–60). Oxford: Oxford University Press.

Hakuta, K. (1974). Prefabricated patterns and the emergence of structure in second language acquisition. *Language Learning, 24*(2), 287–297.

Hakuta, K. (1976). A case study of a Japanese child learning English as a second language. *Language Learning, 26*(2), 321–351.

Hall, G., & Cook, G. (2013). Own-language use in ELT: Exploring global practices and attitudes. *ELT Research Papers 13–01.* London: British Council.

Hammerly, H. (1985). *An integrated theory of language teaching.* Blaine, WA: Second Language Publications.

Higgs, T., & Clifford, R. (1982). The push towards communication. In T. Higgs (Ed.), *Curriculum, competence, and the foreign language teacher* (pp. 57–79). Skokie, IL: National Textbook Company.

Hinkel, E., & Fotos, S. (Eds.). (2008). *New perspectives on grammar teaching in second language classrooms.* New York: Routledge.

Hoey, M. (2005). *Lexical priming: A new theory of words and language.* London:

Routledge.
Hornby, A. S. (1954). *A guide to patterns and usage in English*. Oxford: Oxford University Press.
Hornby, A. S. (1975). *Guide to patterns and usage in English* (2nd ed.). London: Oxford University Press.
Hudson, R. (2010). *An Introduction to word grammar*. Cambridge: Cambridge University Press.
Hymes, D. H. (1972). On communicative competence. In J. B. Pride & J. Holmes (Eds.), *Sociolinguistics* (pp. 269–293). Harmondsworth: Penguin.
Ito, H. (2010). Perceptions about English language learning among Finnish primary school pupils: Does English language teaching as a subject induce disinterest in English? *Annual Review of English Language Education in Japan, 21*, 231–240.
Ito, H. (2013). An analysis of factors contributing to the success of English language education in Finland: Through questionnaires for students and teachers. *Annual Review of English Language Education in Japan, 24*, 63–75.
Jenkins, J. (2000). *The phonology of English as an international language*. Oxford: Oxford University Press.
Johnson, K. (1982). *Communicative syllabus design and methodology*. Oxford: Pergamon Press.
Johnson, K. (1996). *Language teaching and skill learning*. Oxford: Blackwell.
Jones, C. (2015). In defence of teaching and acquiring formulaic sequences. *ELT Journal, 69*(3), 319–322.
Kasper, G., & Schmidt, R. (1996). Developmental issues in interlanguage pragmatics. *Studies in Second Language Acquisition 18*, 149–169.
Krashen, S. D. (1982). *Principles and practice in second language acquisition*. Oxford: Pergamon Press.
Krashen, S., & Scarcella, R. (1978). On routines and patterns in language acquisition and performance. *Language Learning, 28*(2), 283–300.
Krashen, S. D., Terrell, T. D., Ehrman, M. E., & Herzog, M. (1984). A theoretical basis for teaching the receptive skills. *Foreign Language Annals, 17*(4), 261–275.
Kuhn, T. (1970). *The structure of scientific revolutions* (2nd ed.). Chicago: University of Chicago Press.

引用文献

Kumaravadivelu, B. (1993). Maximizing learning potential in the communicative classroom. *ELT Journal, 47*(1), 12–21.

Lado, R. (1964). *Language teaching: A scientific approach.* New York: McGraw-Hill.

Larsen-Freeman, D. (2002). The grammar of choice. In E. Hinkel & S. Fotos (Eds.), *New perspectives on grammar teaching in second language classrooms* (pp. 103–118). New York: Routledge.

Larsen-Freeman, D. (2003). *Teaching language: From grammar to grammaring.* Boston: Heinle.

Lenneberg, E. (1967). *Biological foundations of language.* New York: Wiley and Sons.

Lewis, M. (1993). *The lexical approach: The State of ELT and a Way Forward.* Andover, UK: Cengage Learning EMEA.

Lewis, M. (1996). Implications of a lexical view of language. In J. Willis & D. Willis (Eds.), *Challenge and change in language teaching.* London: Heinemann.

Lewis, M. (1997). Pedagogical implications of the lexical approach. In J. Coady & T. Huckin (Eds.), *Second language vocabulary acquisition* (pp. 255–270). Cambridge: Cambridge University Press.

Liao, P. (2006). EFL learners' beliefs about and strategy use of translation in English learning. *RELC Journal, 37*(2), 191–215.

Lindstromberg, S., & Boers, F. (2008). *Teaching chunks of language: From noticing to remembering.* Innsbruck: Helbling Languages.

Littlewood, W. (2004). The task-based approach: Some questions and suggestions. *ELT Journal, 58*(4), 319–326.

Long, M. H. (1991). Focus on form: A design feature in language teaching methodology. In K. de Bot, R. B. Ginsberg, & C. Kramsch (Eds.), *Foreign language research in cross-cultural perspective* (pp. 39–52). Amsterdam: John Benjamins.

Loschky, L., & Bley-Vroman, R. (1993). Grammar and task-based methodology. In G. Crookes & S. Gass (Eds.), *Tasks and language learning: Integrating theory and practice* (pp. 123–163). Clevedon: Multilingual Matters.

Lyons, J. (1969). *Introduction to theoretical linguistics.* Cambridge: Cambridge University Press.

Maley, A. (1980). Teaching for communicative competence: Reality and illusion. *Studies in Second Language Acquisition, 3*(1), 10–16.

Marsh, D. (2013). *The CLIL trajectory: Educational innovation for the 21st century igeneration*. Córdoba, Spain: Servicio de Publicaciones de la Universidad de Córdoba.

Miller, G. A. (1956). The magical number seven, plus or minus two: Some limits on our capacity for processing information. *The Psychological Review, 63*(2), 81–97.

Miller, G. A. (1962). Some psychological studies of grammar. *American Psychologist, 17*(11), 748–762.

Miller, G. A. (1967). *The psychology of communication*. New York: Basic Books.

Mitchell, R., & Myles, F. (2004). *Second language learning theories* (2nd ed.). London: Hodder Arnold Publication.

Morrow, K. (1981). Principles of communicative methodology. In K. Johnson & K. Morrow (Eds.), *Communication in the classroom* (pp. 59–66). Harlow: Longman.

Moulton, W. G. (1970). *A linguistic guide to language learning* (2nd ed.). New York: The Modern Language Association of America.

Myles, F., Hooper, J., & Mitchell, R. (1998). Rote or rule? Exploring the role of formulaic language in classroom foreign language learning. *Language Learning, 48*(3), 323–364.

Nassaji, H., & Fotos, S. (2011). *Teaching grammar in second language classrooms: Integrating form-focused instruction in communicative context*. New York: Routledge.

Nattinger, J., & DeCarrico, J. (1992). *Lexical phrases and language teaching*. Oxford: Oxford University Press.

Nemser, W. (1971). Approximative systems of foreign language learners. *IRAL, 9*(2), 115–123.

Newell, A. (1990). *Unified theories of cognition*. Cambridge, MA: Harvard University Press.

Noblitt, J. S. (1972). Pedagogical grammar: Towards a theory of foreign language material preparation. *IRAL, 10*(4), 313–331.

Nunan, D. (1987). Communicative language teaching: Making it work. *ELT Journal, 41*(2), 136–145.

Odlin, T. (Ed.). (1994). *Perspectives on pedagogical grammar*. Cambridge: Cambridge University Press.

引用文献

Okuwaki, N. (2014). The development of formulaic language in L2. *The bulletin of Tsuru Bunka Daigaku, 79*, 3–57.

Onions, C. T. (1904). *An advanced English syntax: Based on the principles and requirements of the Grammatical Society*. London: Routledge and Kegan Paul.

Onions, C. T. (1971). *Modern English syntax*. London: Routledge.

Quirk, R., Greenbaum, S., Leech, G., & Svartvik, J. (1985). *A comprehensive grammar of the English language*. London: Longman.

Rafieya, V. (2018). Knowledge of formulaic sequences as a predictor of language proficiency. *International Journal of Applied Linguistics & English Literature, 7*(2), 64–69.

Richards, J. C., Platt, J., & Platt, H. (1992). *Longman dictionary of language teaching and applied linguistics* (2nd ed.). Harlow: Longman.

Richards, J. C., & Reppen, R. (2014). Towards a pedagogy of grammar instruction. *RELC Journal, 45*(1), 5–25.

Richards, J. C., & Schmidt, R. (2010). *Longman dictionary of language teaching and applied linguistics* (4th ed.). London: Routledge.

Ringbom, H. (2007). *Cross-linguistic similarity in foreign language learning*. Clevedon: Multilingual Matters.

Rivers, W. (1972). Talking off the tops of their heads. *TESOL Quarterly, 6*(1), 71–81.

Rutherford, W. E. (1987). *Second language grammar: learning and teaching*. London: Longman.

Seliger, H. W. (1983). Learner interaction in the classroom and its effect on language acquisition. In H. W. Seliger & M. H. Long (Eds.), *Classroom oriented research in second language acquisition* (pp. 246–267). Rowley, MA: Newbury House.

Selinker, L. (1972). Interlanguage. *IRAL, 10*(3), 209–231.

Sharwood Smith, M. (1981). Consciousness-raising and the second language learner. *Applied Linguistics, 2*(2), 158–168.

Silberstein, S. (1987). Let's take another look at reading: Twenty-five years of reading instruction. *English Teaching Forum, 25*(4), 28–35.

Sinclair, J. (1991). *Corpus, concordance, collocation*. Oxford: Oxford University Press.

Skehan, P. (1996). Second language acquisition research and task-based instruction. In J. Willis & D. Willis (Eds.), *Challenge and change in language teaching*

(pp. 17–30). London: Heinemann.
Skehan, P. (1998). *A cognitive approach to language learning.* Oxford: Oxford University Press.
Skinner, B. F. (1957). *Verbal behavior.* New York: Appleton-Century-Crofts.
Steinbeck, J. (1966). Paradox and dream. In *America and Americans* (pp. 29–34). London: Heinemann.
Stern, H. H. (1983). *Fundamental concepts of language teaching.* Oxford: Oxford University Press.
Swain, M. (1985). Communicative competence: Some roles of comprehensible input and comprehensible output in its development. In S. Gass & C. Madden (Eds.), *Input in second language acquisition* (pp. 235–253). Rowley, MA: Newbury House.
Swain, M. (1995). Three functions of output in second language learning. In G. Cook & B. Seidlhofer (Eds.), *Principle and practice in applied linguistics* (pp. 125–144). Oxford: Oxford University Press.
Swain, M. (2000). The output hypothesis and beyond: Mediating acquisition through collaborative dialogue. In J. Lantolf (Ed.), *Sociocultural theory and second language learning* (pp. 97–114). Oxford: Oxford University Press.
Swan, M. (1985). A critical look at the communicative approach (2). *ELT Journal, 39*(2), 76–87.
Taylor, I. (1976). *Introduction to psycholinguistics.* New York: Holt, Rinehart and Winston.
Titone, R. (1968). *Teaching foreign languages: An historical sketch.* Washington, D.C.: Georgetown University Press.
Titone, R. (1969). A psycholinguistic model of grammar learning and foreign language teaching. In R. C. Lugton (Ed.), *English as a second language: Current issues* (pp. 41–62). Philadelphia: The Center for Curriculum Development, 1970.
Tomasello, M. (2003). *Constructing a language: A usage-based theory of language acquisition.* Cambridge, MA: Harvard University Press.
Tomasello, M. (2009). The usage-based theory of language acquisition. In E. L. Bavin (Ed.), *The Cambridge handbook of child language* (pp. 69–88). Cambridge: Cambridge University Press.
Turnbull, M., & Dailey-O'Cain, J. (Eds.). (2009). *First language use in second*

and foreign language learning. Bristol: Multilingual Matters.

VanPatten, B. (1996). *Input processing and grammar instruction in second language acquisition.* Norwood, NJ: Ablex.

Weinert, R. (1995). The role of formulaic language in second language acquisition: A review. *Applied Linguistics, 16*(2), 180–205.

West, M. (1952). How much English grammar. In W. R. Lee (Ed.), *E.L.T. Selections 1* (pp. 26–31). London: Oxford University Press, 1967.

Widdowson, H. G. (1990). *Aspects of language teaching.* Oxford: Oxford University Press.

Wilkins, D. A. (1976). *Notional syllabuses.* Oxford: Oxford University Press.

Willis, D. (2003). *Rules, patterns and words: Grammar and lexis in English language teaching.* Cambridge: Cambridge University Press.

Willis, J. (1996). *A framework for task-based learning.* Harlow: Addison Wesley Longman.

Wong, R. (1987). *Teaching pronunciation.* New York: Prentice Hall Regents.

Wood, D. (2002). Formulaic language in acquisition and production: Implications for teaching. *TESL Canada Journal, 20*(1), 1–15.

Wood, D. (2015). *Fundamentals of formulaic language: An introduction.* London: Bloomsbury Publishing.

Wray, A. (1999). Formulaic language in learners and native speakers. *Language Teaching, 32*(4), 213–231.

Wray, A. (2000). Formulaic sequences in second language teaching: Principles and practice. *Applied Linguistics, 21*(4), 463–489.

Wray, A. (2002). *Formulaic language and the lexicon.* Cambridge: Cambridge University Press.

Yamaoka, T. (2005). From item-learning to category-learning: A learning process of procedural knowledge of language. *Annual Review of English Language Education in Japan, 16*, 21–30.

Yorio, C. (1980). Conventionalized language forms and the development of communicative competence. *TESOL Quarterly, 14*(4), 433–442.

索　引

〔あ行〕

アイテム・ラーニング (item-learning)　45, 47, 48, 49, 51, 89, 140
アウトプット仮説　95–96, 131
アウトプットの機能　96–97
足掛かり (scaffold)　120, 164
暗記　36, 37, 45

意識化 (consciousness-raising)　131
一般動詞文　121–125, 129–130
イマージョン教育 (Immersion Education)　14
インプット仮説　180

ヴィゴツキー，L.　25
受け身　138
疑い (doubt)　143, 144

英語嫌い　179–180, 181
「英語表現」　64
LL 教室 (Language Laboratory)　98

オーディオ・リンガル・メソッド　→ Audio-lingual Method
オーラル・アプローチ (Oral Approach)　61
置き換え表 (substitution table)　97, 98, 99, 100
覚える学習　46, 48
音型　188

〔か行〕

外国語能力の構成要素　30–31
介入 (intervention)　9, 179, 180
概念・機能シラバス　3
概念的学習 (conceptual learning)　23, 44–45, 48, 183

過去形　129
語られる文法　7
仮定法　10, 138
カテゴリー化 (範疇化)　115
　主語の〜　119, 120, 123, 124,
　動詞の〜　121, 124
　補語の〜　114–115, 116, 117, 120
　目的語の〜　122, 123, 124
　Be 動詞の〜　120–121
関係学習　45–46, 47, 48, 54, 56, 111, 114, 117, 121, 140, 186
関係代名詞　134, 136, 167

聞き取りやすさ (intelligibility)　161
気付き (noticing)　131, 149
技能教育　2, 4, 5
技能統合　149, 172
義務的な副詞語句 (obligatory adverbial)　65, 66, 67
疑問文　127, 129, 130, 157
9 文型　67
教育英文法　78–80, 89, 181
狭義の文法・広義の文法　7
教室活動の分類　153
協同学習 (cooperative learning)　172
近似体系 (approximative system)　75, 90

クラッテンデン，A.　45, 47, 49, 51, 89
クワーク，R.　65–68, 119

形相　22, 131
形容詞　132, 134
言語切り替え (code-switching)　103
言語習得装置 (Language Acquisition Device = LAD)　22, 32, 43, 49, 57
言語分析能力 (analytic capacity)　32

索　引

構造言語学（構造主義）　3, 53, 59, 61, 99
後置修飾　134, 135
高等学校学習指導要領　11–12；（2009年告示）iii
行動主義心理学　56, 59, 61, 99
口頭導入（Oral Introduction）　21
語学教育研究所　68, 69
5文型　54, 61, 63
コミュニカティブ・ランゲージ・ティーチング　→　CLT
コミュニケーション活動　13
コミュニケーション教育　3, 4, 5
コミュニケーション能力の構成要素　28
コミュニケーション・モード　3–4

〔さ行〕

三単現（三人称単数現在）　123, 125, 126, 148, 155, 156, 157, 160, 179
市街図完成タスク　161–165
ジグソータスク　156–161
指示代名詞の形容詞的用法　126
システム・ラーニング（system-learning）　45, 47, 48, 49, 51, 89, 114, 140
自然体（naturalness）　9
自動化（automatization）　100
社会構成主義　177
習慣形成（habit formation）　100
「授業は英語で」　iii, 102, 179
主語＋動詞＋補語　113
主語＋動詞＋目的語　140
述語動詞の拡大・多様化　132, 138, 139, 141
述語動詞の使い分け　125, 126, 140, 148–149
守・破・離　182
小学校英語の教科化　iv, 15
小学校学習指導要領（2008年告示）183；（2017年告示）15, 23, 71, 185, 187
条件的学習（conditional learning）　23, 44–45, 48, 183
小中連携　184
情報格差　→　information gap

真正性（authenticity）　146, 175, 176
スケジュール完成タスク　154–156
整列能力　131
宣言的知識（declarative knowledge）　97, 110, 142
全体的学習（holistic learning）　45, 48, 183, 188
選択権（choice）　143, 144
選択能力　131
前置詞　132
前置詞句による後置修飾　126
前置詞付目的語（prepositional object）　67
ソシュール，F.　22, 42, 62, 131

〔た行〕

ターゲット・センテンス（新出構文）　132, 136, 137
大学入学共通テスト　iv, 15, 16, 18
体現される文法　7
多言語主義（multilingualism）　110
タスク　154
　〜の定義　153–154
タスク活動　13, 154
タスク基盤アプローチ（Task-based Approach）　14, 153
タスクを志向した活動　154
談話文法（discourse grammar）　8
知識教育　2, 4, 5
チャンク（chunk）　v, 82–83
　文型の構成単位としての〜　86–88
　〜と認知作業　83–85
　〜の役割　85
チャンク化
　主語の〜　118–120, 121, 123, 124
　補語の〜　113–115, 121
　目的語の〜　122, 123, 124
チャンクの拡大　92–94, 116–117, 127, 132

索引

主語の〜　136, 137
補語の〜　132, 133
目的語の〜　134, 135
チャンクの多様化　91–92, 116–117, 132
チャンクの導入　113–115
中学校学習指導要領（1958年告示）10, 11, 138；（2008年告示）15, 16, 54, 71；（2017年告示）iii, 72, 102, 131, 138, 184
中間言語（interlanguage）　75, 90
チョムスキー，N　43, 49, 56, 57, 59, 61, 128, 180

「使いながら学ぶ」　97

定形表現（formulaic language）　8, 29, 30, 47, 49, 50, 51, 52, 53, 54, 57, 60, 82, 111, 185, 187
手続き的知識（procedural knowledge）　97, 142

動詞型（verb patterns）　68–71
特殊疑問文　130

〔な行〕

内容重視の指導法（Content-based Instruction）　14
ナチュラル・アプローチ　32
夏休み計画紹介タスク　165–167
7文型　65–68, 119

二語文　29
日本語文法　103
入門期英語のミニマム・エッセンシャルズ　128–131
人称代名詞　126
人称表　125
認知言語学　127–128
認知主義　15
認知心理学　141

〔は行〕

パーマー，H. E.　68, 147
パターン化　128
8文型　66–67
パラグラフ・ライティング　167
範列関係（paradigmatic relation）　42–43, 62

ピアジェ，J.　23–24
Be動詞の使い分け　121
Be動詞文　113–121, 128
否定文　127, 129, 130

フィンランド　181
フォーカス・オン・フォーム（focus on form, FonF）　14, 153
フォーカス・オン・フォームズ（focus on forms, FonFs）　14
フォーカス・オン・ミーニング（focus on meaning, FonM）　14, 153
フォニックス（phonics）　185, 188
複言語主義（plurilingualism）　109, 110
副詞　132
仏語イマージョン・プログラム　96
普遍文法（Universal Grammar）　43, 49, 57
フリーズ，C. C.　20, 61
プロトタイプ（原型）　126, 140
文型（学習者にとっての〜）　80–81
文型タスク　152–171
文型と構造　54, 71, 75, 120, 121, 140, 186
文型理解の実態調査　37–41, 132, 136
文型練習（pattern practice）　61, 97–100, 101
　インタビュー形式の〜　147–152
　ペアで行う会話形式での〜　143–147
文構造　iv, 15, 54, 71, 72, 73, 131, 140
分析的学習（analytic learning）　45, 48, 183, 188
文法（sentence grammar）　8
文法（の定義）　6–8
文法教科書　11
文法不要論　7
文法訳読式教授法（Grammar-translation

207

索　引

Method）　iii, 2, 4

変形文法　53, 55, 56, 99

ホーンビー，A. S.　68–71
母語使用・母語の役割　102, 178–179
細江逸記　63–64
翻訳　102–103

〔ま行〕
前倒し　16, 187

見える化　44, 112, 127
未来表現　165
民間（英語）試験　iv, 15, 16, 17, 18

メタ認知　128

文字指導　184, 185, 188

〔や行〕
「やりとり」と「発表」　149, 156, 167, 170, 172

用法基盤（usage-based）理論　43, 49, 92, 180
ヨーロッパ言語共通参照枠　→　CEFR

〔ら行〕
理解可能なアウトプット（comprehensible output）　96
理解可能なインプット（comprehensible input）　32, 96
理想の結婚生活紹介タスク　167–171
臨界期　22

連合学習　45–46, 47, 48, 54, 56, 111, 140
連辞関係（syntagmatic relation）　42–43, 62

〔わ行〕
分かる学習　46, 48, 114

和文英訳　37, 101, 102, 142
　〜の具体的方法　103–108

〔欧文〕
ACT（Adaptive Control of Thought）モデル　141
Audiolingual Method（オーディオ・リンガル・メソッド）　iii, 3, 13, 61, 97, 99, 100, 101, 108, 141, 143, 149, 156, 166, 172
CEFR（Common European Framework for Reference, ヨーロッパ言語共通参照枠）　49, 149
CLIL（Content and Language Integrated Learning, 内容言語統合型学習）　2
CLT（Communicative Language Teaching）　iii, 3, 13–14, 61, 99, 111, 152, 175
code-switching　103
Communication Bingo　150–152
Communicative Structural Teaching　142, 166, 172
Conventional Conversation（定型会話）　147
Dual-Iceberg モデル　25, 109
EMI（English-medium Instruction）　2
gambits　82
Grammar-translation Method（文法訳読式教授法）　iii, 2, 4
information gap（情報格差）　143, 144, 157, 166
input processing 理論　180
LAD　→　言語習得装置
Onions, C. T.　63, 64
Oral Introduction　→　口頭導入
Skill-getting　142
Skill-using　142
slurred continuum　114
Speech Primacy（音声優先主義）　21, 114
teacher talk　175, 176–177
translanguaging　103
word grammar（単語文法）　8

〈著者紹介〉

伊東　治己（いとう・はるみ）

　1974年北アイオワ大学大学院修士課程修了，1976年広島大学大学院博士課程前期修了，1983年レディング大学大学院修士課程修了，教育学博士（広島大学，2005年），鳴門教育大学名誉教授．現在，関西外国語大学外国語学部教授．全国英語教育学会会長．著書に，『フィンランドの大学における小学校英語担当教員養成システム』（溪水社，2018），『インタラクティブな英語リーディングの指導』（研究社，2016），『フィンランドの小学校英語教育』（研究社，2014），『アウトプット重視の英語授業』（教育出版，2008），『コミュニケーションのための4技能の指導』（教育出版，1999），『カナダのバイリンガル教育』（溪水社，1997）。

入門期からの英語文型指導
──チャンク文型論のすすめ

2019年10月31日　初版発行

著　者　伊　東　治　己
発行者　吉　田　尚　志
印刷所　研究社印刷株式会社

KENKYUSHA
〈検印省略〉

発行所　株式会社　研究社
　　　　http://www.kenkyusha.co.jp

〒102-8152
東京都千代田区富士見2-11-3
電話（編集）03(3288)7711（代）
　　（営業）03(3288)7777（代）
振替　00150-9-26710

© ITO Harumi, 2019

装丁：ナカグログラフ（黒瀬章夫）

ISBN 978-4-327-41101-5　C 3082　Printed in Japan